अभिनंदिता

नम्रता जेना

Presentation by *BookLeaf Publishing*

Web: www.bookleafpub.com

E-mail: info@bookleafpub.com

ISBN: 9789360944698

First edition 2024

मेरी माता श्रीमती सुभासिनी जेना, पिता प्रदीप कुमार जेना, बहन श्रेयश्री और भाई निशांत जेना को—

मुझे ढेर सारा प्यार देने के लिए और मेरे जीवन की नींव बने रहने के लिए धन्यवाद।

ACKNOWLEDGEMENT

मैं अपनी माता श्रीमती सुभासिनी जेना और मेरे पिता श्री प्रदीप कुमार जेना को सहृदय धन्यवाद देना चाहती हूँ, जिन्होंने बचपन से लेकर आज तक हमेशा मेरी कविताओं को रुचि से सुनना चाहा और मुझे लिखते रहने को प्रेरित किया। पापा-मम्मा हमेशा मेरा साथ देने के लिए आप दोनों को बहुत-बहुत धन्यवाद।

मैं अपने छोटे भाई निशांत जेना और बहन श्रेयश्री को धन्यवाद करती हूँ जिन्होंने मुझे जीवन में सदैव सकारात्मक रहना सिखाया है। मुझे ढेर सारा प्यार देने के लिए और मुझमें हमेशा भरोसा रखने के लिए आप दोनों का दिल से धन्यवाद।

मैं अपने गुरु एवं मामा श्री जगदीश पाठी को सहृदय धन्यवाद देती हूँ जिन्होंने मार्गदर्शक बनकर मेरा मार्गदर्शन किया है। आपका बहुत-बहुत धन्यवाद मामू। मैं सदैव आपकी आभारी रहूँगी।

मैं अपने अध्यापक सुशील कुमार सर को धन्यवाद देती हूँ जिनके मार्गदर्शन के कारण मैं हिंदी साहित्य एवं व्याकरण से जुड़ी रही और जीवन को हमेशा सकारात्मक दृष्टिकोण से जीना सीखा। बहुत बहुत धन्यवाद सर।

मैं अपनी अध्यापिका श्रीमती पद्मा नायडू मैम को धन्यवाद देती हूँ जिन्होंने मुझे जीवन में सदा

सकारात्मक रहना सिखाया है और कविता लेखन के लिए प्रेरित किया है। मैम, मेरा मार्गदर्शन करने के लिए आपका बहुत-बहुत धन्यवाद।

मैं अपनी मासी कुमारी संजुक्ता सामल को बहुत-बहुत धन्यवाद देती हूँ जिन्होंने बचपन से हमेशा मेरा साथ दिया और हर कदम पर मेरा हौसला बढ़ाती रहीं। संजू आँटी आप मेरे लिए एक मिसाल हो। मेरी सबसे अच्छी दोस्त बनने के लिए दिल से धन्यवाद।

मैं अपने छोटे मामा श्री विश्वनाथ महाराणा को धन्यवाद देती हूँ जिन्होंने हमेशा मुझे आगे बढ़ते रहने और आत्मविश्वास बनाए रखने के लिए प्रोत्साहित किया है। हमेशा मेरे साथ खड़े होने के लिए और ढेर सारा प्यार देने के लिए आपको दिल से धन्यवाद मामू।

मैं अपनी बचपन की पहली मित्र प्रियतमा प्रधान को धन्यवाद करती हूँ जिनकी वजह से मेरा बचपन मेरे जीवन का सबसे हसीन पलों में से एक है। बहुत बहुत धन्यवाद लिनु हमारे बचपन के यादों को आज तक सजाकर रखने के लिए।

मैं अपने प्रिय मित्र देबाशीष साहु को धन्यवाद करती हूँ जिन्होंने मेरी कविताएँ पढ़ी और मेरा हौसला बढ़ाया। मुझे नए विचार सुझाने के लिए आपका तह दिल से शुक्रिया।

मैं अपनी मित्र साई स्मृति दास को धन्यवाद देती हूँ। इस सफ़र में हमेशा मेरा साथ देने के लिए आपको दिल से धन्यवाद।

मैं अपनी सखी स्वयंसिद्धा दानी की तह दिल शुक्रगुज़ार हूँ जिन्होंने हमेशा मेरे कविताओं को उत्साह से संग पढ़ा और पसंद किया। बहन हमेशा मेरे साथ देने के लिए सहृदय धन्यवाद।

मैं अपने सभी मित्रों, सहपाठियों, और मेरे विद्यार्थियों को सहृदय धन्यवाद देती हूँ।

मैं अपनी लाइफ कोच एवं इनर चाइल्ड हीलर अमृता कुनाल जी का तह दिल शुक्रियादा करती हूँ जिनके कारण मेरा मुलाकात अपने आंतरिक शिशु से हुआ। दोबारा अपने जीवन को मैं एक नए सिरे से शुरुआत सिर्फ आप ही के कारण कर पाई हूँ अमृता जी। आपको मेरा याद, प्यार और नमस्कार।

मैं बुक-लीफ़ पब्लिशिंग की सदा आभारी रहूँगी, जिनकी वजह से मेरी पहली कविता संग्रह प्रकाशित हो पाई है। बुक-लीफ़ पब्लिशिंग की पूरी टीम का सहृदय धन्यवाद।

PREFACE

क्या आपने जीवन को करीब से देखा है?
इस विशाल ब्रह्मांड में हमारी पृथ्वी बड़ी सौभाग्यशाली है जिसकी गोद में जीवन पल रहा है। इस से भी अधिक सौभाग्य हम मानवों का है जो समग्र जीव जगत में सबसे श्रेष्ठ प्राणी हैं।अपने मन, बुद्धि ,चेतना और विवेक को इस्तेमाल कर विचार करने की शक्ति मानव में परिपूर्ण रूप से है। इसी कारण हम बाकी जीवों से अलग हैं। जन्म लेते ही हमारे जीवन का सफर रफ़्तार लिए शुरू हो जाता है और हम समय के साथ नए अनुभवों को आज़माते हुए आगे बढ़ते हैं।
जीवन में परिवर्तन सामान्य है परंतु हर समय यह परिवर्तन हमारे योजनाओं के अनुसार नहीं होता। कई बार हमें कुछ ऐसे परिस्थितियों का सामना करना पड़ता है जिसके लिए हमने कभी तैयारी नहीं की होती है। तब हमारा परिचय संघर्ष से होता है। वह संघर्ष जिसके बिना हमारा जीवन अधूरा है। यह संघर्ष ही तो है जिसके कारण हम ज़िंदगी को करीब से देख पाते हैं और ईश्वर के द्वारा मिली शक्तियों को पहचान कर उनका इस्तेमाल कर पाते हैं।
कई बार हम अपने सामने खड़े समस्याओं का समाधान खोजते हुए, अपना हौसला खो बैठते हैं। इस पुस्तक में लिखी कविताएँ ऐसी परिस्थितियों में हमारे हौसले को बनाए रखते हुए हमें ज़िंदगी में आगे बढ़ने के लिए प्रेरित करती हैं।

"अभिनंदिता" कविताओं के द्वारा हमें यह सीख देती हैं कि ज़िंदगी चाहे जैसी भी हो, हमें इसे त्योहार की तरह मनाना चाहिए। अगर हम हिम्मत रख कर आगे बढ़ें तो हर समस्या का समाधान हमारे सामने ही होगा। हमारे सामने उतनी ही कठिन समस्या आती है जिसे सुलझाने का साहस और काबिलियत हम में पहले से मौजूद होता है। तभी तो हमारी अपनी भीतर छिपी शक्ति से हमारा साक्षात्कार हो पाता है। इसीलिए हमें अपने जीवन में आने वाली चुनौतियों का डट कर सामना करना चाहिए।

इस कविता संग्रह में भिन्न-भिन्न विषयों पर कविताएँ लिखी गई हैं। इनमे से कुछ कविताएँ मेरे बचपन की हसीन यादों पर आधारित है। मैं जीवन के हर पहलू को बड़े करीब से जीना पसंद करती हूँ। अब तक के जिये हुए यादें मेरे लिए बहुत महत्वपूर्ण है। खास कर के मेरा बचपन। इन्हीं खूबसूरत यादों को मैंने कविता के माध्यम आपके साथ बाँटना चाहा है।

हम अक्सर समय के साथ साथ आगे बढ़ते हुए, अपने आंतरिक शिशु को भूल ही जाते हैं क्योंकि हर कोई इस बात को नहीं जानता है कि चाहे हम उम्र में कितने ही बड़े क्यों न हो जाएँ, हमारे आंतरिक शिशु के रूप में हमारे अंदर वह बचपना सदा जीवित रहता है। यह बात मुझे भी काफी देरी से पता लगी और मैंने अपने अंदर बसी उस छोटी सी बच्ची को अपनाया और उसे सुनना आरंभ किया। आज मेरी ज़िंदगी बदल सी गई है।

“अभिनंदिता” का परिचय ही मेरी आंतरिक शिशु का परिचय है। अभिनंदिता मेरे अंदर छिपी वह छोटी सी बच्ची है जिसे मैंने कई सालों बाद पहचाना और दिल से अपनाया। अभिनंदिता ने मुझे जीवन में आगे बढ़ने का नया दिशा दिखाया है। मेरी कविताएँ मेरे अंदर छिपि अभिनंदिता की आवाज़ हैं जो अक्सर कविताओं के द्वारा मुझसे बातें करती है।

"अभिनंदिता" हमारे देश की नारी शक्ति को दर्शाते हुए उन वीरांगनाओं को नमन करती है जो नेताजी सुभाष चंद्र बोस द्वारा गठित आज़ाद हिंद फ़ौज की 'झाँसी की रानी' रेजिमेंट से थीं। यह आज़ाद हिन्द फ़ौज का एक मात्र महिला रेजिमेंट थी, जिसमें उपस्थित एक हज़ार से भी ज़्यादा तादाद पर भारत की वीरांगनाएँ सिंगापुर, मलाया, और बर्मा जाकर भारत को अंग्रेजों से आज़ाद करने लड़ी थीं।
इस पुस्तक की अन्य कविताएँ देश भक्ति, पौराणिक कथा, ओड़िशा का इतिहास, मंदिर एवं देवताओं, रिश्ते, समाज, प्रेम, कला, कुछ काल्पनिक विषय और प्रकृति पर लिखी गई हैं।
हमारे जीवन में प्रकृति की बहुत अहम भूमिका है। प्रकृति का निरीक्षण करने पर हमें यह ढेर सारी सीख देती है और जीवन को जीने का तरीका सिखाती है। इस पुस्तक की पहली कविता मेरे माता-पिता पर आधारित है जिन्हें मैं अपने जीवन में पाकर खुद को अत्यंत सौभाग्यशाली मानती हूँ। इस पुस्तक की अंतिम कविता मेरे आंतरिक शिशु से मेरे मिलन पर आधारित है।
चलिए, कविताओं की सैर पर चलते हैं...

दो अनमोल रत्न

जबसे इन आँखों को खोला
मिली इस दुनिया में एक नई पहचान,
जीवन को आज़माने
माँ के गोद में आई नन्ही सी एक जान।

ममता भरी आँचल में
खुद को सुरक्षित पाया,
उस जननी के लिए
जिसने खुशी से मुझे अपनाया।

मेरे आगमन का संदेशा
जब पिता जी ने पाया,
वे दौड़े चले आए
फ़िर मुझे जिगर से लगाया।

पुत्र प्रिय समाज में
बेटी को घर की लक्ष्मी बताया,
मिठाइयाँ बाँटी गईं
और घर को त्योहार सा सजाया।

उन छोटे-छोटे हाथों को थामकर
जिन्होंने मुझे चलना सिखाया,
मुश्किलों का डटकर
सामना करना सिखाया।

मुझे आसमान को छूने का
रास्ता दिखाया,
ताकि मैं पतंग सी उड़ सकूँ,
खुद को मेरी डोर बनाया।

किया इस ख़ूबसूरत जीवन को
मुझे प्रदान,
इन्हीं से है मेरा वजूद
और मेरी शान।

एक है भूमी से बड़ी
आकाश से भी ऊँचा है दूजे का स्थान,
यही तो हैं मेरे दो अनमोल रत्न
माता-पिता है जिनका नाम।

फ़ौजी की बेटी

क्या देखी है उसकी आँखों में वह चमक,
जब उसका बाबुल घर लौट आता है?
दूर किसी रेगिस्तान में बसे जंग के मैदान से
अपने घर, जिस से अपनों के लिए वह दूर जाता है।

क्या होता है उस से दूर रहना?
बागों के फूलों से पूछो...
कैसे बीतता है वह दिन जब बाग़बान बाग में न आए?
अब इस से ज़्यादा क्या ही कहना!!

दफ़्तर में जाने से पहले जो रोज़ सताया करती है,
कि "न जाओ हर रोज़ सुबह बाबा,
घर खाली सा लगता है!!"
वह नन्ही गुड़िया क्या जाने कि जंग क्या होता है?
दरवाज़े के पीछे छिप जाती है
जब भी उसका दिल रोता है!

अब माँ क्या जाने कि यह शैतानी क्यों कर रही?
क्यों बेवजह बिन बात का यूँ उस से लड़ रही!
किसे पता अब उसे लगता है कि,
"शायद इसी बहाने शिकायत करने
माँ बाबा को घर बुलाएगी..."
तभी तो बिटिया अपने बाबा से मिल पाएगी!

सुबह का सूरज देखने बाबा उसे उठाया करते हैं,
शाम हुई तो अपने साईकल के आगे बैठाकर,
रोज़ सैर पर ले चलते हैं।
बिटिया को दूर से आती मोर की आवाज़ें बड़ी भाती है,
पर अब कि शामों में वह बात क्यों नहीं,
बिटिया समझ न पाती है।

लोग उसे अब पूछा करते हैं कि,
"तुम्हें अनुशासन इतना क्यों भाता है?"
"इतनी अलग क्यों हो तुम?"
बस कोई यह समझ न पाता है,

"वैसा बचपन कहाँ है उसने पाया
जहाँ उसे झुमकों की गूँज सुनाई दे,
उसने गोलियों की आवाज़ों में अपनी धुन खोजी है,
हाँ, वह एक फ़ौजी की बेटी है।"

बचपन

जब खुद को दर्पण में देखती हूँ,
चेहरे की झुर्रियां नज़र आती हैं।
बिन कुछ कहे चुपके से सालों से
चल रहे सफ़र की याद दिलाती हैं।

अचानक प्यारी सी आवाज़
मुझे बुलाती है,
पीछे मुड़कर देखने पर
मेरी बचपन दिखाई देती है।

यादों के काफिलों के संग
बहुत दूर चल पड़ती हूँ,
चेहरे पर मुस्कान लिए उन यादों से मिलने
जिन्हें मैं दोबारा जीना चाहती हूँ।

आँखें खोलने पर घर का आँगन

दिखाई पड़ता है,
जहाँ दिखता है वह छोटू
जो पड़ोस में रहा करता है।

आँख मिचौली के खेल में जो
हर दम पकड़ा जाता है,
पर जब उसकी बारी आती है,
वह किसी को पकड़ न पाता है।

छत पर जाती हूँ तो
धूप में सुखाए हुए कच्चे आम दिखाई देते हैं।
जिन्हें हम खेलते-खेलते
चुपके से खाने ले जाते हैं।

माँ को रसोई घर में जब देखती हूँ,
आँखों की आँसुओ सी उसकी ओर बह चलती हूँ।
कहना तो बहुत कुछ चाहती हूँ
पर चाहकर भी उससे कुछ कह नहीं पाती हूँ।

फ़िर दरवाज़ा खुलता है
और पापा घर आते हैं।
चेहरे पर मुस्कान और हाथों में चॉकलेट लिए,
वह प्यार भरी आवाज़ से मुझे पुकारते हैं।

मैं उनकी आवाज़ सुनकर दौड़ी चली आती हूँ,
झट से पापा के गले लग जाती हूँ।
फिर साथ मिलकर हम खाना खाते हैं,
पर मुझे तो पापा अपने हाथों से खिलाते हैं।

अचानक दरवाज़े पर दस्तक होती है,
मेरी प्रिय सहेली लिनु चली आती है।
हम साथ-साथ चॉकलेट खाते और खूब खेलते हैं,
फ़िर उसके घर की ओर चल पड़ते हैं।

जब शाम होने को आती है,
मैं घर लौट जाती हूँ,
माँ की आँचल पकड़े
ज़िद में अड़ जाती हूँ।

हर प्रश्न का उत्तर
मेरे मुख में होता है,
पर जब लिखने की बारी आती,
मेरा दिल बहुत रोता है।

माँ मुझसे सारे गृहकार्य करवाती है,
घंटों बिठाकर बहुत कुछ लिखवाती है।
फ़िर पापा के साथ मैं शाम की सैर पर चल पड़ती हूँ,
लौटकर घर जल्दी न जाने की ज़िद पर अड़ जाती हूँ।

अचानक नानी कहकर कोई पुकारता है,
मेरे सामने सब कुछ धुंधला सा हो जाता है।
चेहरे की झुरियां साफ़ नज़र आने लगती है,
जिनमें सालों की अनुभूति साफ़ झलकती है।

पीछे मुड़ने पर मेरी
प्यारी-सी पोती नज़र आती है,
चेहरे पर मुस्कान लिए
आकर मुझसे गले लग जाती है।

घर याद आता है

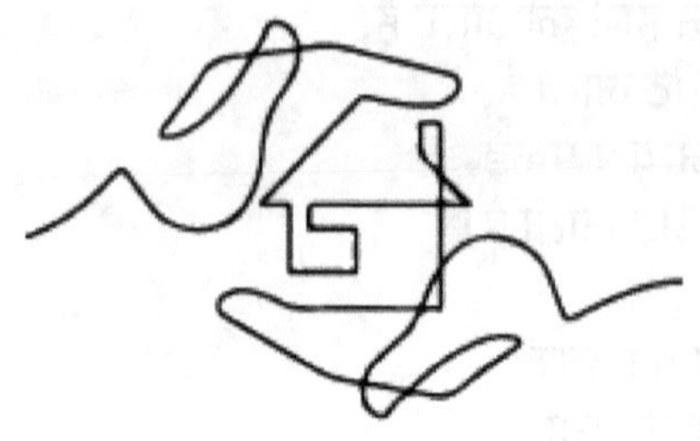

बहुत छोटी थी मैं
जब माँ ने घर और मकान में अंतर बताया था।
सोचा करती थी,
"हम अक्सर घर बदलते हैं...
तबादला जो हो जाता है बार-बार।
हर बार दोस्ती होती है
नए शहर और नए लोगों से
हम आगे बढ़ते रहते हैं समय के साथ-साथ।"

पर आज सोचती हूँ,
"उस घर का क्या?
जिसे मैं अपना चुकी थी,
जिसके आंगन में मेरा बचपन बीता
जिन दीवारों को रंगों से भरा था हमने साथ मिलकर

वह खिड़कियाँ... जिनके आँखों से मैंने आँधियाँ देखी हैं
और ख़ुशनुमा आसमान भी।

वह बगीचा जो घर के सामने हुआ करता था,
मेहँदी के पौधों से घिरा हुआ,
मेरा सबसे पसंदीदा जगह,
मुझे फूलों से लगाव था और माँ सब्ज़ियाँ उगाती थी।
माँ को खुश करने मैं कच्ची सब्ज़ियाँ तोड़ लाती थी।
उतनी समझ कहाँ थी मुझमें?
वही तो बचपन था,
गलतियों से परिचय होने का सही समय।
दुनिया की रीत को जो अपनाने लगे थे हम,
धीरे-धीरे... समय के साथ।

उस आम के पेड़ को कैसे भूल सकती हूँ?
हमारे घर का हिस्सा जो था,
घर के पिछले आंगन के बीचों-बीच
जिसपे चिड़ियाँ आकर अपना गीत सुनाती थीं
और गिलहरी जो रोज़ आकर खेला करती थी,
जाते समय एक आम तोड़ गिराती थी।

शाम होते ही मेरे दोस्त खेलने बुलाने आते थे,
और हम सब साथ-साथ मौज में चल पड़ते थे।
कब अंधियारी छा जाती थी...पता नहीं चलता था,
माँ के नाराज़ होने से पहले हमें घर लौटना पड़ता था।

एक दिन अचानक तबादला का हुक्म आ गया...
जाने का समय था, उस घर से हमेशा के लिए।

सामान के साथ उन यादों को समेटकर बाँध लिया
हमने,
चल पड़े हम समय के रफ़्तार के साथ आगे...
अपने हमसायों को अलविदा दिए।

आज वह घर याद आता है।
न जाने कितने परिवारों की कहानियाँ
उसकी दीवारों ने सुनी होगी!
कितने किरदारों को उसकी खिड़कियों ने देखा होगा!!
हम उस घर के लिए उसकी कहानी का हिस्सा हैं
और आज वह घर हमारी यादों का किस्सा है!!

लिखावट

पेंसिल पकड़ना सीखने से लेकर
पेंसिल पकड़ाना सिखाने तक का सफ़र
बड़ा सुहाना रहा।
लकीरों से अक्षर और अक्षरों से शब्दों तक पहुंचना
आसान नहीं था।

अक्षरों के ताल-मेल से जिन शब्दों का मतलब सीखा,
उन्हें जीवन में प्रयोग करने पर उनका महत्व जाना।
शुरुआत तो आड़ी तिरछी रेखाओं से की थी हमने
और उन्हीं हाथों ने आगे वाक्य बनाना सीखा।

पर तब सब कुछ खुशहाल था,
न हम ज़िंदगी के मौसमों से वाकिफ़ थे
न ही परिस्थितियों के स्वाद से।

आज मालूम होता है ज़िंदगी को संवारना
लिखावट के अभ्यास से कम नहीं।

अक्सर गलतियाँ हो जाती है इन छोटे-छोटे हाथों से,
और हम उन्हें सुधारने लग जाते हैं,
पर बस एक उम्र तक,
हर बार कोई बताने वाला नहीं होता।

इसी तरह ज़िंदगी की लिखावट भी
हम पर है निर्भर करती,
कुछ शब्दों का प्रयोग, कुछ वाक्यों का इस्तेमाल,
कुछ सवालों का जवाब ढूँढते-ढूँढते
हम जीना सीख लेते हैं,
और लिखावट सुधर जाती है।

रही बात गलतियों की...
ये हो सबसे कीमती होती हैं।
गलतियों के बिना सीख कैसी?
बिना कुछ सीखे... ज़िंदगी कैसी!!!

रात

जब साँझ को ढलते देखती हूँ,
बड़ी सुहानी लगती है।
दीपशिखा की जो शोभा बढ़ाए,
यह रात रूहानी लगती है।

सूरज के ढल जाने पर
जब चाँद मुस्कुराने लगता है,
आसमान के चादर को सजाने
सितारों का महफ़िल जगमगा उठता है।

अंधियारी के आँचल में
सारा जग समा जाता है,
जैसे घर लौट कर माँ के गोद में

थका हुआ बालक सो जाता है।

कभी देखा है अंधियारी को क़रीब से?
कुछ ही पल में तुम इसमें समा जाओगे।
किसी को अपनाना कोई इस से सीखे,
पूरी तरह जो तुम इसमें खो जाओगे।

पर बाहर नहीं,
तुम अपने भीतर झांको।
दिन के उजाले में जो खो चुके
इस अंधियारे में तुम खुद को ढूँढ पाओगे।

माना कि सूर्योदय दिन में होता है,
पर चंदा की रौनक रात से है।
दिन में खिलते हैं कई फूल,
पर रात रानी का नाता रात से है।

इश्क़ का सफ़र

इश्क़ का सिलसिला यूँ शुरू हो गया,
धड़कने ताल से धड़कने लगी।
रागिनी उन सितारों से ऐसे सजी,
चाँदनी देख कर मुस्कुराने लगी।

नज़रें जब भी मिली सलामी हुई
प्रीत से बातें बेज़ुबानी हुई।
ख़ूबसूरत सा समा यहाँ छा गया,
न जाने कब मोहब्बत का मौसम आ गया।

फ़िर वह मिलने लगे आशिकों की तरह,
अब यह आशिक़ी से भरी कहानी हुई।
शब्द फीके पड़े जिस्म के दरमियाँ,
रूह की रूह से ज़ुबानी हुई।

धरती दुल्हन बनी और ऐसे सजी,
मानो गुलशनों में इश्क़ की बाहर आ गई।
हवाएँ सुर में गीत गाए बहने लगी,
हर तरफ फूलों का इत्र छा गया।

आसमान सी ओढ़नी तले प्रकृति,
सूर्य की लालिमा से सुहागन हुई।
इश्क़ का यह सफ़र मुकम्मल हुआ,
राग से रागिनी का मिलन हो गया।

तुम्हारी यादें

सूरज के तप से लेकर
चाँदनी की उजियारी किरण तक,
हर ज़र्रा ढूँढा है तुझको
आखिर अब मैं ढूँढू कब तक!

नहीं किसी की सुनता है दिल
कि तुम अब ना रहे।
क्यों सहूँ उस बेमतलबी गम को,
जो सभी बेवजह सह रहे।

कहती है यह दुनिया,
जो चल बसते हैं कभी आते नहीं।

जिन्हें हम खो देते हैं,
उन्हें कभी हम पाते नहीं।

मेरा दिल नहीं मानता है,
क्योंकि मेरे धड़कने सजीव हैं,
आखिर रहें हम कितनी भी दूर
मज़बूत हमारे रिश्ते की नींव है।

क्या फर्क पड़ता है!
हम दूर या नज़दीक रहें,
बस छोटी सी आशा है,
यादें तुम्हारे मेरे दिल में सदैव रहें।

प्रकृति

माटी से कण-कण में बसी
सूरज की किरणों से सजी
मैं इस जगत में रहती सदा
नाम है मेरा प्रकृति।

वर्षा की बूंदे बन गिरी
अंबर से अश्रु की तरह,
संदेशा लेकर चल पड़ी
इस धरती पर बरस गई।

धरती तो बड़ी प्यासी थी,
सारे जग में उदासी थी।
सावन का संदेशा जब आ गया,
चारों ओर सौंदर्य छा गया।

प्रेम भरी संदेशों को लिए
नदियाँ बन बहने लगी,
धरती को उपजाऊ करते हुए,
माटी को स्वर्ण बना चली।

वृक्षों से बातें करते हुए,
उनमें हरियाली भरते हुए,
पवन के संग बहने लगी
मैं हूँ तुम्हारी प्रकृति।

सागर के किनारों में बसी
रेत के तट में जा सजी,
लहरों सी बन यूँ चल पड़ी,
मैं हूँ तुम्हारी प्रकृति।

धरती को जीवन से भरते हुए,
इस तरह जग को सजते हुए
अंबर देख कर मुस्कुराने लगा,
मैं भी अब मुस्कुरा उठी।

जीवों को अन्न देते हुए,
सबको प्रसन्न करते हुए
समा गई इस धरती पर सदा के लिए,
मैं हूँ तुम्हारी प्रकृति।

वतन के महबूब

हमने मोहब्बत खूब की
मोहब्बत करते करते मसरूफ़ हुए,
जब तुझसे जीतने की बारी आई
तुझसे हार कर, हम जीत गए।

हम मुक़म्मल तब होते हैं
जब इश्क़ में कोई दूजा ज़रिया न होता है,
या तो इश्क़ के साथ जीते है,
या हम इश्क़ में मर जाते हैं।

हमने मोहब्बत खूब की
ज़िंदगी को हसरतों के संग जिया,

सारे रिश्ते-नातों में से उसे चुना
जिसके लिए हम मसरूफ़ हुए।

हम सी मोहब्बत आसान नहीं
लोग हमें मज़्ज़ूब जो कहते हैं,
हम अपनी चाहत के लिए मारूफ़ हुए,
हम इस वतन के जो महबूब हुए।

सरज़मीं की शान

तू शौर्य की चमक सी है,
तू सूर्य की किरण सी है,
आज़ाद हिन्द की है तू दास्ताँ।

कमान को संभालकर
मुश्किलों को पार कर
बना लिया है तूने नया रास्ता।

तू पिता की है सम्मान
तू है माँ की स्वाभिमान
तुझको है सलाम पूरे देश का।

ढाल सी खड़ी हुई,
तलवार बन लड़ी हुई,
स्वरूप है तू दुर्गा की अवतार का।

जो कभी झुके नहीं,
हर हाल में रुके नहीं,
तू हर कदम पे जीत का मिसाल है।

युद्ध में खड़ी हुई ,
तू जीत पर अड़ी हुई,
तू नारी शक्ति की नई पहचान है।

सम्मान से भरी हुई,
मशाल सी जली हुई,
वीरांगना, तू इस सरज़मीं की शान है।

देश के युवा

यह कहानी है युवाओं की
घनघोर उन घटाओं की
बादलों से जो गरज गए,
अंबर से जल की तरह बरस गए।

इस देश की आवाज़ बन
मज़बूत है जिनका मन,
कर रहे हैं करतब कई
मिली है जिसके वास्ते इस देश को पहचान नई।

सरहद पर यह वीर सदा
दीवार बन खड़े हुए,
हर वार को यह रोक कर
शेरों की तरह लड़ रहे।

खेल के मैदान में,
तीरों से भरे तूफान में,
आँधी की तरह उभर रहे,
जीत से भरी हुई ज्वाला की तरह जल रहे।

जब ज्ञान का सवाल हो,
या विज्ञान का कमाल हो,
हर क्षेत्र में यह कमल से खिल रहे,
सफलता को चूमते हुए गति से आगे बढ़ रहे।

यह कहानी है युवाओं की,
तीव्र उन हवाओं की,
जो इस देश की शान हैं,
प्रभु से मिले हुए इस धरती पर वरदान हैं।

आईना

एक आईना सा था तू,
जिसमें मैं खुद को देखा करती थी।
तुझमें खुद को देख...
अपने आप को तेरा हिस्सा समझती थी।

पर एक दिन यह ज्ञात हुआ,
तूने तो कभी मुझे देखा ही नहीं।
तू तो बस एक आईना ठहरा...
मैं तो अपना प्रतिबिंब देखती रही।

हमारे दरमियाँ बस रोशनी थी।

वह रोशनी, जो तुझसे टकराकर
मुझ तक वापस आती थी।

मैंने तुझे रोशनी का प्रतीक समझ लिया...
पर वह अंधकार को दूर करने वाली किरणें
कभी तुझमें समाई ही नहीं।

एक पतली सी परत लगा रखी है चांदी सी तेरे
देह और रूह के दरमियाँ,
जिसे मैं बचपना समझ बैठी।

अचानक जब मेरा भ्रम टूट गया,
हक़ीक़त सामने आ गई,
दिल कांच सा टूट पड़ा,
मन में उदासी छा गई।

पर क्या करती इस आईने का,
जिसके सामने खुद को निहारा है।
"तेरी नज़रों के सामने तुझे कैसे तोड़ दूँ?
तू तो बस एक आईना ठहरा,
असलियत में भी और फ़ितरत से भी!"

दुआ करती हूँ कि तू आईना ही बनकर रहना,
और तुझे तोहफ़े में आईने मिलते रहे,
इसी बहाने किसी दिन तुझे एहसास होगा
कि रोशनी की अहमियत होती क्या है!!

अधीर मत हो मन

अधीर मत हो मन
अधीर हो कर क्या पाएगा?
जिसे जाना था वह जा चुका।
जो तेरा नहीं, उसे खोने में अफसोस क्यों कर रहा?
क्यों हौसलों के संग आगे बढ़ने से तू डर रहा?
पर यह समय तो तेरा है,
उस बीते कल से सुनहरा है।
इस कीमती समय को तू मत गवा,
हर ज़ख्म की होती है कोई न कोई दवा।
धीरज रखना सीख ले
दर्द में चीखना है तो चीख ले।
हर हाल में बस आगे बढ़
जो सफ़र शुरू किया है, उसे पूरा कर।
तू इस आबाद दुनिया में छिपा सितारा है,
प्रतिभा से भरा पिटारा है।
धीरज रख कर आगे बढ़,
अपने सुनहरे भविष्य का निर्माण कर।

जीत का जुनून

जीत का जुनून ऐसा हो,
हर बार जीतने जैसा हो।
कभी न रुकने की आदत हो
मंज़िल की बस चाहत हो।

रुक जाने पर थकावट हो
आगे बढ़ने पर लगे आराम
चाहे मुश्किलें हज़ार आ जाएँ
सबसे श्रेष्ठ लगे अपना काम।

तकलीफ़ों को सुलझाकर
जो बना ले अपना रास्ता आसान
राह पर चलना ही तो है

एक सच्चे राही की पहचान।

राही वह है जो डर से हो अनजान,
मुसीबतों से घिर जाने पर
चहरे से न जाए जिसकी मुस्कान।
जीत का जुनून जिसके सिर पर सवार हो,
हर कदम जैसे उसके लिए जीत की पुकार हो।

संघर्ष

जो संघर्ष करे वह श्रेष्ठ है
कर्म में वह सबसे जेष्ठ है
ध्यान हो जिसका एकलव्य समान
युगों-युगों तक होता है उसका आह्वान।

जो किस्मत पर निर्भर होता है,
वह भला जीत कहाँ पता है!
तू इस पृथ्वी पर क्यों आया है?
मिली तुझको क्यों यह काया है?

क्या देखता फिर रहा धरती पर?
यहाँ तो हर जगह माया है।
जीवन का लक्ष्य क्या है तेरा बता?
अब तक क्यों नहीं तुझे पता?

तू सूर्य की किरणों में तप
तू कर्म का ही मंत्र जप
इस इस धारा का वीर है
धनुर से निकला तीर है।

जीवन के कुरुक्षेत्र में
अपने अंदर के अर्जुन को जगा,
देख आँखे खोलकर
सारथी भी तुझ ही में है बसा।

संघर्ष की उस आग को
शौर्य से भरे राग को
मन में लिए तू बढ़ता चल
हर परिस्थिति में तू ढलता चल।

लहू से भरे शरीर को
बज्र सा बन जाने दे
यह पहचान है एक वीर की
तू खुद को विजय का प्रतीक बन जाने दे।

तू मृत्युंजय कहलाएगा

मत हो मायूस तू,
अपने मन की आवाज़ सुन
समझ ले यह इम्तेहां है तेरे धैर्य का,
उन लोगों का कोई हक नहीं
कि तेरी काबिलियत पर शक करें।

तू चलना उस राह पर
जहाँ मिलता तुझे अपना जुनून है
हर समय बस याद रख,
शांत रहना जब खौलता तेरा खून है।

शौर्य के संग तू बढ़ता चल,
हर मुश्किल से लड़ता चल।

एक दिन ऐसा आएगा,
जब आख़िरी इम्तेहां होगा तेरा
उस दिन कामयत आएगी
पर तेरे सामने झुक जाएगी।

शौर्य के संग तू बढ़ता चल,
हर मुश्किल से लड़ता चल।

अपने हर जीत का जश्न बना
और हर हार से तू कुछ सीख ले
जीत हमारे शौर्य को बढ़ाती है,
और हर नई हार एक नई सबक सिखाती है।

तू बढ़ता चल उस राह पर
जो तेरी पहचान की वजह बन जाएगी।
उम्मीद की वह किरण
तेरे जीवन में कामयाबी लाएगी।

जीवन के इस इम्तेहां में
तू स्वर्ण सा बन जाएगा,
वह दिन बहुत जल्द ही आएगा
जब तू मृत्युंजय कहलाएगा!!

बँटवारा

बाँट दिया इस दुनिया को
छोटे-छोटे प्रान्तों में
खो कर उन कायरों की
असभ्य बातों में।

अपनों ने अपनों को मारा
खून खराबा खूब किया
अपनों के ही खून से
इस दुनिया को रंग दिया।

नदियाँ ही बहानी थी
तो पानी की बहाते
बीज ही बोना था
तो भाईचारा का बोते।

करके तुम ने अपने-अपने
धर्मों का आह्वान।
बनादिया इस सुंदर सी

दुनिया को श्मशान।

अभी समय है जागो तुम,
अधर्म की ओर मत भागो तुम।

किस सोच में डूबे हो भला?
यहाँ सब अपने हैं।
आपस में मिल-झुल कर रहने के
देखे इन आँखों ने कई सपने हैं।

ज़मीन तो तुमने बाँट दी,
पर कर्मों को कैसे बाँटोगे?
कैसे भला खुद को ही
अपनों से तुम छाँटोगे!

अब भी समय है जागो तुम,
अधर्म की ओर मत भागो तुम।

सभ्य समाज

कहने को तो हम सब एक हैं,
पर हमारे समाज में कुरीतियाँ अनेक हैं,
खुद को भारत माता की संतान कहते हैं,
पर जब साथ रहने की बारी आती है,
तब कई करतब दिखाते हैं।

रंग-रूप-जाती-धर्म के नाम
सबको क्यों बाँटा जाता है?
ऊँच-नीच के नाप-तोल में
क्या छाँटा जाता है?

इस मिट्टी से सब उत्पन्न हुए
इसी मिट्टी में मिल जाएँगे,
अंत समय आएगा जब,
क्या दिलों में नफ़रत लेकर जाएँगे?

सभी आपस में जुड़े हुए
एक ही परिवार हैं,
तब क्यों हमारे बीच

कुरीतियों से बनी दीवार है?

जो खेतों में हल चलाएँ,
वह भूखे मर जाते हैं?
जिनके घर अन्न से परिपूर्ण हो,
वह इस धरती को ठुकराते हैं।

सभ्य कहते हैं खुद को,
तो क्यों है यह असभ्य विचार?
क्यों होता रहता है
लोगों की भावनाओं का व्यापार?

यह लोकतांत्रिक समाज,
पारितंत्र से चलता है।
हर नागरिक के मेल से बनती
इस देश की जनता है।

हर किसी के मेहनत को जब
आपस में पिरोया जाता है,
तभी तो एक देश
विकास की ओर बढ़ता है।

हम सबको आपस में
मिल-जुलकर रहना है।
आओ हम एक सभ्य समाज का गठन करें,
बस यही मेरा आपसे कहना है।

जीवन त्योहार है

जब चारो ओर अंधकार हो,
मन में दुःख भरे विचार हो,
तब अपने अंतर्मन में झाँकना
जीवन से भरी रोशनी दिखेगी।

मुश्किलों से भरी दल-दल में
तू एक अकेला फँसा इंसान नहीं,
जीवन को जी रहे हैं
तेरे जैसे करोड़ों कई।

जीवन को ज़रा करीब से देख,
यह एक खूबसूरत त्योहार है।
भगवान से मिली हुई हमें
एक अमूल्य उपहार है।

इस अंधकार को जग से हटाने का बहाना है,
जीवन का मतलब तो उम्मीदों का दिया जलाना है।

जीवन दीपावली का त्योहार है,
अंधकार में जगमगाती हुई ज्योती से भरा उपहार है।

जीवन कभी फीकी पड़ी तो बेरंग रखना मत।
इसे रंगों से भरने से कभी डरना मत।
जीवन होली का त्योहार है,
रंगों से भरा हुआ खूबसूरत उपहार है।

अगर विपदा आ खड़ी हो सामने तो उस से लड़ना सीख,
धर्म का साथ देकर, अधर्म से जीतना सीख।
जीवन दशहरे का त्योहार है,
प्रभु श्री राम के द्वारा दी गई सीख का उपहार है।

जीवन को सही नज़रिए से देख,
तेरे चारों ओर खुशियों से भरा संसार है।
जीवन कोई अंधकार से भरा पिटारा नहीं,
यह त्योहारों से भरा भंडार है।

तू शिव है

आज मैं हूँ खुद से दूर और तेरे करीब,
ज़िंदगी की किताब के उस पन्ने पर हूँ खड़ी
जहाँ तेरे अलावा मेरा कोई नहीं
इस दुनिया में मेरे लिए है ना कुछ गलत ना कुछ
सही।

तुझसे मैं उत्पन्न हुई
तुझ ही मैं समा जाऊँगी
समय से हारने के इस सिलसिले में,
खुशी-खुशी मिट जाऊँगी।

मिट्टी में आँकी तस्वीर हूँ,
अंबर से है मेरा वास्ता।

राहों पर चलते-चलते सीख चुकी
पहुँचता है सिर्फ तुझ तक हर रास्ता।

सब तुझसे है शुरू और तुझ ही में खत्म,
करती हूँ तुझे मैं हृदय से नमन।
तू है आत्मज्योति स्वरूप
तू है महाकाल, है तेरा विकराल रूप।

बता कौन भला सृष्टि को बचाने
विष का पात्र पी जाता है?
तुझसा भोला और कौन?
तुझसे श्रेष्ठ कोई है भला?

वासुकी को कंठ में धारण किए
तू है सर्वोत्तम प्रभु नीलकंठ।
जिसका मन शिशु सा भोला हो
जो सबका पुकार सुनने वाला हो
इस सृष्टि का रखवाला हो
सारे जग में निराला हो।
भला कौन उसे न पहचाने?

जिसने माँ आदि शक्ति को पहचाना,
वर्षों से तप करती गौरी को जिसने अपनाया।
वह बैठा कैलाश पर तपस्या में लीन हुए,
जिसका न है कोई जन्म न ही कोई अंत,
तू है चिदानंद स्वरूप
तू है अनंत।
मृत्यु के बाद सब जाते हैं जहाँ,
तू रहता है बेफिक्र वहाँ।

जो मृत्यु का तारण करता है
भक्तों के गुहार को सुनता है।
तू वह है जो दिलाता मृत्यु पर विजय,
तू है महादेव, तू ही मृत्युंजय।

सारे संसार में जब तेरा तांडव छा जाता है,
चारों ओर तेरे क्रोध का ज्वाला बरसता है।
जहाँ पड़ती है तेरी नम्र नज़र,
पुनर्जीवित होती प्रकृति उधर।

अपने जटाओं में माँ गंगा को जिसने स्थान दिया,
शीतल स्वरूप सोम को शीश पर विराजमान किया,
जो डमरू की धुन से प्रसन्न हो,
शक्ति से जो सम्पूर्ण हो,
त्रिशूल जिसका शस्त्र हो,
त्रिनेत्र जिसका अस्त्र हो,
रुद्राक्ष जिसके आभूषण हो,
भोला सा जिसका मन हो,
जिसने रखी इस सृष्टि की नींव है,
तू कोई और नहीं, तू शिव है।

जय जगन्नाथ

किया समर्पण मैंने तुझको
यह मन मंदिर अब से तेरा है।
जगत समाया है तुझ में पर,
जगन्नाथ तू मेरा है।

घिरी हुई थी अंधकार से,
दूर-दूर तक अंधेरा था,
जब मन के मंदिर में देखा,
दीपक सा उजाला था।

देखा तेरे श्याम रंग को,
जो सबसे निराला है,
ऑंखों में वह चमक लिए,
तेरा बाल रूप मुझे प्यारा है।

बलराम और सुभद्रा के संग
देखा जब तुझे पहली बार,
जाना क्यों पुरी नगरी में,
लिया है तूने यह अवतार।

प्रति वर्ष जब तू भ्राता-भगिनी
के संग रथयात्रा पर निकलता है,
भक्तों को तेरे आलिंगन का
शुभ अवसर मिल जाता है।

जाती हूँ जब पुरी नगरी,
नील चक्र मुझे भाता है,
तुझसे मिलने सिंह द्वार
से भक्तों का आगमन होता है।

हुए समर्पण तुझको तेरे
लाखों भक्त जो आते है,
तुलसी को वह हाथों में लिए,
तेरा दर्शन पाते हैं।

सुनकर सबसे "हरि-बोल"
मेरा मन प्रसन्न हो जाता है।
हुआ समर्पण तुझको जो,
वह तुझसे मिल जाता है।

पाकर तेरे दर्शन प्रभु,
मैं धन्य-धन्य हो जाती हूँ,
तेरी चौखट पर तेरी ही
हरि बोल मैं गाती हूँ।

चल पड़ती हूँ आनंदित मन से,
आनंद बाज़ार की ओर आखिर में,
महाप्रसाद का सेवन करने,

जो मिलता है सिर्फ तेरे मंदिर में।

एक निवाला पाकर मैं तो
धन्य-धन्य हो जाती हूँ,
सिर पर अपने हाथों को रख कर,
"जय जगन्नाथ" कहती हूँ।

दारुब्रह्म का रूप लिए,
नवकलेवर से नवरूप तू पाता है,
जगन्नाथ तेरे दर्शन पाकर ,
मेरा मन पावन हो जाता है।

यज्ञसेनी

भव्य है तेरा इस धरती पर जन्म,
भव्य है तू और तेरा आगमन,
हुआ नहीं था ऐसा यज्ञ कोई,
जिस से संतान का जन्म हुआ।

वह कैसा यज्ञ जो अपूर्ण हो?
बिन वर-प्राप्ति के सम्पूर्ण हो?
जीवन का उपवन पुत्र रहित,
बिन पुत्री के कैसे पूर्ण हो?

वह काव्य ही क्या
जिसमे अलंकार न हो?
लिखावट हो पर
सुर-ताल न हो।

क्या बिन नदियों के उपस्थिति से
समुद्र का निर्माण हो सकता है?
तब कैसे भला बिन पुत्री के
एक परिवार सम्पूर्ण हो सकता है?

यह बात द्रुपद ने ठुकराया,
समझने से वह मुकराया,
चल दिया लिए पुत्र को अपने संग
यज्ञ से दूर करके यज्ञ को भंग।

पर चारों ओर
अग्नि की लपटें छाई,
अब जन्म हुआ अग्नि से,
यज्ञ से यज्ञसेनी आई।

दिव्य था जिसका रूप प्रबल,
नेत्र थे जैसे खिलते कमल,
जन्मी थी जो अग्नि से
वह मृदुला जो थी चंचल,

द्रुपद से जिसे पहचान मिला,
द्रौपदी जिसको नाम मिला,
वह जन्मी थी अग्नि की पवित्रता से संग,

था जिसका श्यामल रूप रंग।

ज्वाला सा तेज और
ज्ञान की जिसमें तृष्णा थी,
अग्नि से उत्पन्न हुई,
वह यज्ञसेनी, कृष्णा थी।

आया समय स्वयंवर का जब,
जीती ब्राह्मण के रूप में अर्जुन ने प्रतिस्पर्धा तब,
मीन के नेत्र में निशाना लगाया,
भरी सभा में पांचाली को अपनाया।

अब सुहागन का रूप लिए,
सोलह श्रृंगार किए,
चल पड़ी द्रौपदी अर्जुन के संग,
अपनाती हुई जीवन के सारे रंग।

पर यह कैसे हो गया भला,
जो था असाध्य वह साध चला,
जब पांडवों ने कुंती को शुभ समाचार देना चाहा,
कुंती ने अनजाने में द्रौपदी को आपस में बाँटने कहा।

अब अनहोनी को होनी थी,
होनी अनहोनी थी,
माता के वचन को रखते हुए,
द्रौपदी पांचो पांडवों में बँट जानी थी।

कुरु वधू के रूप में
अब बनी द्रौपदी रानी थी,

पांचाली अब चक्रवर्ती सम्राट
की समराज्ञी थी।

द्रुपद कन्या के जीवन में
अब अचानक छाई माया
कौरवों से चौसर के
खेल का निमंत्रण आया।

यह चक्रव्यूह का आरंभ था,
कोई समझ न पाया।
कौरवों ने षड्यंत्र रचा,
अजात शत्रु को अपना मोहरा बनाया।

न चाहते हुए फस गए युधिष्ठिर,
हार चुके स्वाभिमान को,
हार चुके थे जो कुछ था,
हार चुके थे भ्राताओं को।

शकुनि चाल चलता गया,
फँसते गए उसकी चाल में,
हार गए साम्राज्ञी को हाय
हारे सब कुछ इन रिश्तों के व्यापार में।

अब द्रौपदी को अपनी
सम्मान की रक्षा करनी थी,
हर हाल में उन कायर कौरवों
से उसे अकेले लड़ाई लड़नी थी।

काल चक्र की कैसी यह माया,

कुरुवंश की राजसभा में छाया,
द्रौपदी का चीरहरण करने,
वह दुष्ट दुःशासन आया।

भरी सभा में कुरुवधू
के अपमान पर सब मौन रहे,
वीर योद्धा कहे जाने वाले
कुरु वंशी बेशर्म हुए।

क्या हुआ था भीष्म पितामह को?
क्यों मौन रहे धृतराष्ट्र?
विदुर क्यों रह गए मौन?
क्यों मौन रहे द्रोणाचार्य?

हुए कलंकित भरी सभा में,
अपना आत्मसम्मान हरा बैठे,
करके एक स्त्री का अपमान,
यह सब अपना मान गवा बैठे।

जब अग्नि की ज्वाला सी दहक रही,
द्रौपदी का कोई न था सहारा,
तब अपनी सखी के पुकारने पर
गोविंद ने अपना चमत्कार दिखाया।

जब कृष्णा के संग कृष्ण हैं खड़े,
कैसे दुःशासन उसका अपमान करे?
जिसके मुख में है समाया समग्र ब्रह्मांड,
वस्त्र कैसे न हो सकता है उसके पास अखंड?

श्री कृष्ण ने रखा द्रौपदी का मान
रोका कौरवों को करने से अपमान,
सभा पड़ गया था सुन्न अब,
द्रौपदी ज्वाला सी क्रोध में जल रही जब।

इस महापाप के ही कारण,
हुआ था महाभारत का रण,
चारों दिशायों में नाश हुआ,
कौरवों का सर्वनाश हुआ।

यह कर्म चक्र का रीत है,
धर्म का सदा अधर्म पर जीत है।
जब भी होगा इस सृष्टि में नारी का अपमान,
समग्र ब्राह्मण करेगा महाभारत का आह्वान।

कोणार्क

चंद्रभागा के तट पर बना,
पाषाण में तू प्राण लिए,
सूर्य की किरणों सा दिव्यमान,
शिल्प-कला को आलिंगन किए।

सौंदर्य से पूर्ण यह रूप लिए,
सूर्य देव को विराजमान किए,
शतांग तू कोई सामान्य नहीं,
कोणार्क है तू पाषाण नहीं।

उत्कल के पूर्व तट में बसा
तू अर्क क्षेत्र कहलाता है,
देह में जीवन को दर्शाते हुए,
तू प्राण का आभास कराता है।

चारों क्षेत्र में से एक है तू,
जो भगवान विष्णु के आयुध का स्थान हुआ,
पद्म समाया है तुझमे
पद्म क्षेत्र तेरा पहचान हुआ।

बारह जोड़े चक्र के संग,
दर्शाता है तू बारह मास का प्रसंग,
हर चक्र में हैं आठ तीलियाँ जड़ी,
दिन के आठ प्रहर दर्शाती हुई।

सूर्य जब उगते हैं सागर से,
दिखता तू उत्कृष्ट उनके उजागर से,
करते अभिनंदन सूर्यदेव का,
हो जाता दिव्य तू उनके जागर से।

तू स्मारक कोई सामान्य नहीं,
कोई खंडर या पत्थर की खान नहीं,
तू कला से है परिपूर्ण भवन,
हुआ था जिसका ऐतहासिक गठन।

तू बारह वर्ष का प्रतिफल है,
बारह सौ कलाकारों का,
मेहनत से बना हुआ
कला का दिव्य स्थल है।

तू एक पुत्र के बलिदान का निशान है,
धर्मपद नाम था जिसका,
बचाया जिसने खुद को न्योछावर कर,
उन कलाकारों का प्राण है।

तू गंगा वंश से राजा
नरसिंहदेव का स्वाभिमान है,
है कोणार्क तू सूर्य सा तेजस्वी,
ओड़िशा राज्य का शान है।

ओड़िशा का इतिहास

जिस धरती पर जन्म लिया,
उस से क्यों मैं दूर हुई?
क्यों उसे छोड़कर जाने पर
मैं इतनी मजबूर हुई?

जो माटी से रिश्ता निभाता है,
जन्म भूमि को वह कैसे भूला सकता है?
क्या बिन ममता के स्पर्श का
कोई जन्म ले सकता है?

आओ सुनाऊँ मैं अपनी
मातृभूमि कि कहानी को,
प्राचीन भारत में जिसने जन्म लिया,
उस ऐतिसाहिक निशानी को।

ओड़िशा के नाम से परिचय है जिसका,

इतिहास बड़ा प्राचीन है उसका,
ओड्र था जिसका नाम पूर्व में,
फिर जाकर उत्कल कहलाया,
इतिहास के पन्नो में इसने फिर
कलिंग के नाम से परिचय पाया।

भारत के पूर्वी तट का अभिज्ञान ओड़िशा,
प्राचीन संस्कृति का परिज्ञान ओड़िशा,
सूर्य से सुशोभित होता है यह,
प्रकृति से परिपूर्ण ओड़िशा।

पूर्वी घाट गुज़रती यहाँ से,
बहुत सी नदियाँ बहती यहाँ से,
महेंद्र पर्वत यहीं है उपस्थित,
महेंद्रतनया बहती जहाँ से।

भारतवर्ष में सबसे पहले
अंग्रेजों से जिन्होंने विद्रोह किया,
बक्सी जगबन्धु ने जिस
आंदोलन का नेतृत्व किया

यहाँ उठी फिरंगियों के
अत्याचार के विरुद्ध आवाज़,
याद करता है पाइक विद्रोह को
आज भी भारत का इतिहास।

भारत की है शान ओड़िशा
मेरा स्वाभिमान ओड़िशा
तीस जिलों के समूह से बना

मेरा प्यारा राज्य ओड़िशा।

बाराबती के दुर्ग से लेकर
महानदी का सागर से संगम तक
फैली है इसकी भव्यता
याद करता है इतिहास आज तक।

ओड़िशा ने कभी भी खुद पर ना अभिमान किया,
इसकी महानता का है उल्लेखन,
इसने बंगाल के नवाब एवं
बहमनी के सुल्तान को आश्रय दिया।

जो अन्नदाता है उसकी ममता को
कभी नही भुला पाऊँगी,
जब-जब मिलेगा मुझे स्वर्ण अवसर,
मैं इसकी महानता को गाऊँगी।

क्रूर अशोक की कुपित दृष्टि
पड़ी जब इस धरती पर,
जिस धरती को कोई न हरा पाया था,
काफ़ी प्रयास करने पर।

दक्षिण पूर्व के द्वीपों तक
कलिंग से जहाज़ें जाती थी,
करके समुद्री व्यापार
विदेश से हीरा-मोती लाती थी।

मेरी मातृभूमि की प्रचुरता पर
उन मौर्यों की पड़ी नज़र,

वह चांडाल अशोक आया
युद्‌ध करने इस धरती पर।

दया नदी के किनारे जब
कलिंग का युद्‌ध हुआ,
रक्त की बहने लगी धाराएँ,
नदी लहू सी लाल हुई।

एक लाख से अधिक सैनिकों
ने अपने प्राण गवाएँ थे,
कलिंग के राजा अनंत पद्‌मनाभ की पुत्री
राजेश्वरी ने भी वीर गति पाई थी।

लाखों को अपनी धरती को
अलविदा कहना पड़ा,
जो जीवित थे युद्‌ध में लड़ते-लड़ते,
उन्हें मौर्यों ने बंदी बना दिया।

कलिंग का युद्‌ध इतिहास के
पन्नो में अपना छाप छोड़ गया,
जो न देखा था इस धरती ने
वैसा घाव यह दे गया।

अब तक की थी यह पृष्ठभूमि
जो कलिंग युद्‌ध की कहानी थी,
इस धरती पर पल रही
जीवन की जो हानि थी।

घाव को भरने में समय लगता है

पर हमने हिम्मत नहीं हारी,
करते रहे खुद को तैयार उस दिन के लिए,
जब लानी थी दोबारा अपनी ज़मीन में उजियारी।

सागर के तूफानों से हम लड़ने वाले,
क्या ज़मीन में आगे बढ़ने से डर जाएँगे!
हम कलिंग के वीर पुत्र हैं,
हमारी मातृभूमि की प्रतिभा हम लौटाएँगे।

एक पुरुष बीता था अशोक का,
और बचा न था मौर्यों का गुरूर
अब करनी थी बातें तलवारों से हमको,
युद्ध में इनको चखना चूर।

धन्य थे वे महापुरुष,
जिन्होंने कलिंग का कल्याण किया,
खारवेल जैसे योद्धा ने
इस धरती पर जन्म लिया।

महामेघावन राजवंश जब
शासन में आया,
खारवेल जैसा चक्रवर्ती राजा
को कलिंग ने पाया।

बीती थी इस क्षेत्र में तब
लहू से भरी जो कहानी थी,
उसी कहानी को पुनः
मगध को हमें सुनानी थी।

मगध के राजा को खारवेल ने
युद्ध में हराया था,
जैन गुरु महावीर का मूर्ति
पुनः कलिंग आई थी।

कलिंग के सम्मान को
खालवेल ने लौटाया,
उदय गिरि की गुफ़ाओं में
मूर्ति की स्थापना करवाई थी।

यह था मेरे राज्य ओड़िशा
के इतिहास की एक झलक
जो है गरिमापूर्ण और
यह है सबसे अलग।

भारतवर्ष का नव निर्माण

जबसे शुरू की जीवन यात्रा,
मैंने भारत में बसता प्राण देखा है,
समय के साथ विकास की ओर बढ़ते,
मैंने भारत का नव निर्माण देखा है।

स्वास्थ्य, शिक्षा, कृषि, कला
के क्षेत्रों को उभरते हुए देखा है।
देश के युवा को खेल-कूद में
भारत का प्रतिनिधित्व करते देखा है।

तरक्की की ओर बढ़ते हुए
मैंने तकनीकी विज्ञान देखा है,
गाँवों में इस देश के मैंने
स्वच्छ भारत अभियान देखा है।

अंतरिक्ष में जाते मैंने
मंगल यान देखा है,
चाँद के दक्षिण ध्रुव को छूता

चंद्रयान देखा है।

मैंने भारत माता की गोद में
खेलता सनातन धर्म देखा है,
पाँच शतकों बाद हुए,
अयोध्या में राम मंदिर का निर्माण देखा है।

अंधेरे में डूबे घरों को
होते रोशन देखा है,
इस देश में मैंने
तीन तलाक़ को होते बंद देखा है।

विदेशियों को भारत में आकर
उद्योग बनाते देखा है,
भारत को रक्षा के क्षेत्र में
सशक्त होते देखा है।

दुनिया के लोगों को करते
भारत का गुणगान देखा है,
मैंने इस विश्वगुरु के घर
लौटता सम्मान देखा है।

देश की बेटियों को
सेना में संभालते कमान देखा है,
अपनी आँखों से मैंने,
भारतवर्ष का नव निर्माण देखा है।

मेरी पहचान

मेरी बातों को सुन कर अक्सर
लोग मुझे मेरी पहचान पूछा करते हैं,
जब देती हूँ अपना परिचय,
न जाने क्यों आश्चर्य हो जाते हैं!

पूछते हैं वह मेरा नाम,
और "किस राज्य से मैं आती हूँ?
अगर नहीं मैं उत्तर भारत से
तो हिंदी में क्यों बातें करती हूँ?"

उनके सारे प्रश्नों का उत्तर
मुस्कुराते हुए देती हूँ,
"सबसे पहले मैं अपनी
भारत माता की बेटी हूँ।"

कभी न अपनाया मैंने
क्षेत्रवाद की धारणा को,
जिस से आए कोई दुविधा
मेरी भारत माँ को।

जो देश अखंडता और एकता
को दर्शाता है,
उस देश का निवासी कैसे भला
अपनी पहचान को बाँट सकता है।

जब से मैंने बोलना सीखा
और शब्दों को पहचाना है,
हिंदी मेरी मातृभाषा है,
यही मैंने जाना है।

हो सकता है जन्मी हूँ मैं
भारत के किसी राज्य में,
पर इस सत्य से कोई मुकर न सकता,
इस देश की मिट्‌टी समाई है हमारी पहचान में।

होंगे हम पंजाबी, सिंधी, गुजराती या मराठी,

द्रविड़, उड़िया, असामी, नागा या बंगाली।
भिन्न राज्यों से होने पर भी
भारतीय है पहली पहचान हमारी।

मेरी रगों के रक्त में
राष्ट्रवाद बसता है,
भारत माता की सुपुत्री हूँ,
हर कोई यही मेरा परिचय पाता है।

आज यह कहती हूँ सबसे,
जब-जब कोई मेरी पहचान पूछेगा,
मैं भारत की मिट्टी से जन्मी हूँ,
मेरी पहचान भारतीय ही पाएगा।

आदर्श शिक्षक

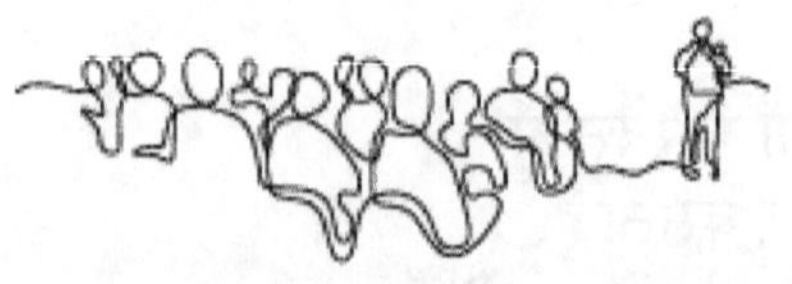

जीवन में अनुशासन का मूल्य क्या होता है?
यह एक शिष्य अपने गुरु से सीखता है।
जो जीवन के परीक्षा को देने से नहीं डरते हैं,
उन्हें चुनौतियों का सामना करने लायक गुरु ही बनाते हैं।

याद करूँ जब उन दिनों को
जब हम विद्‌यालय जाते थे,
सम्पूर्ण रूप से विद्‌या हम
हमारे गुरु से पाते थे।

उनसे विद्‌या ग्रहण करना
हमारा सौभाग्य हुआ,
जीवन में गुरु के कारण ही
हमारा मार्गदर्शन हुआ।

जाना हमने उनसे कि
"समय क्यों है इतना बलबान?"
जो करते हैं मेहनत होती है
उनके लिए हर मुश्किल आसान।

जीवन मे जब भी कोई

निर्णय लेना पड़ता है,
या कोई शिष्य दुविधा में पड़ जाता है,
तब उसे गुरु से मिली हुई शिक्षा सही मार्ग दिखाती है।

वे होते हैं हमारे जीवन में दीपक समान,
जो खुद जल कर हमारे जीवन में लाते हैं प्रकाश।
सही-गलत में फ़र्क तो एक शिक्षक ही समझाता है,
जब कोई शिष्य पड़े कमज़ोर, शिक्षक उसका हौसला
बढ़ता है।

जो चार दीवारों के बीच खड़े हो कर
देश के भविष्य को गढ़ते हैं,
रोज़ नई अनदेखी चुनौतियों
से ये अकेले लड़ते हैं।

हमने इनसे सब कुछ सीखा,
बनाया इन्होंने हमारी सारी मुश्किलों को आसान,
ये हैं हमारे जीवन में देवी-देवता समान,
हमारे गुरुजन हैं हिमारे लिए पूजनीय और
प्रतिभावान।

जिनके कारण ही होता है
हमारे उज्ज्वल भविष्य का निर्माण,
आदर्श शिक्षक ही तो है
इन मार्गदर्शकों की पहचान।

समाज सेवक

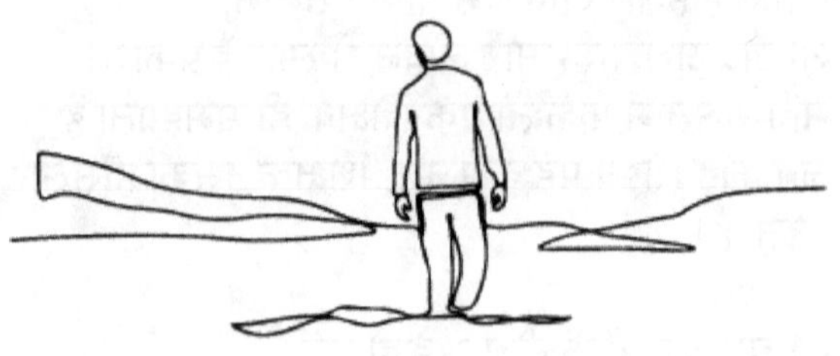

जो जीते हैं जीवन को ज्योति समान,
करते हैं समाज के लोगों का कल्याण
चलते हैं वो अंगारों में बिन झिझके नंगे पाँव
होता है इन लोगों को जीवन के संघर्ष से लगाव।

ये देते हैं खुशी-खुशी
अपनी खुशियों का बलिदान,
धरती पर जन्म लेते हैं
ऐसे व्यक्ति जो होते हैं महान।

दूसरों के दुःख को ये अपनाते हैं,
लोगों के हक़ के लिए यह आजीवन लड़ते हैं।
मतलबी दुनिया में ये होते हैं सबसे अलग
जिनका होता है समाज में सुधार लाने का मकसद।

सामाजिक कुरीतियों को
यह खत्म करते हैं।

बनकर ज़रूरतमंदों के हमसाये
यह सदा उनके संग रहते हैं।

जो दूसरों को अपनाकर
अंधेरे से निकाल कर उजाले में लाते हैं,
वही तो इस समाज के नायक हैं
जो समाज सेवक कहलाते हैं।

जीवन क्या है?

मेरे अंतर्मन में खिल रहे कुछ ख़्वाब हैं...
जो इस रूह को जोड़ते हैं हक़ीक़त से।
ज़मीन और आसमाँ के बीच पल रही इस दुनिया में...
कितनी नदियाँ बहती हैं उन ख़्वाबों को साथ लिए,
जो सबके जीवन का हिस्सा हैं,
बहुतों का अनकहा किस्सा है!!
सोचती हूँ...जीवन क्या है??
हक़ीक़त...जो एक आईने की तरह साफ़ दिख रही...
या बस एक परछाई... जिसका अस्तित्व किसी दूसरी चीज़ से है!!
दिन के उजाले और रात्रि के तमस के बीचों बीच...
जीवन रंगों से भरा त्योहार सा है...
जो सबको अपने रंग में ढाल देता है।
सूरज की पहली किरण से...रात के आसमान में
उस ध्रुव तारे के आने तक का सफ़र जीवन है।
एक ऐसी धुन... जो शुरू होती है तो धड़कनों से साथ

बस चलती रहती है...जब तक साँसे थमे नहीं।
यही तो जीवन है... जहाँ सब कुछ बदल जाता है
समय के साथ पर बदलाव कभी नहीं बदलता।
जीवन एक ऐसी आकृति है...
जिसका आरंभ और अंत निश्चिंत है...
पर कहानी सबकी अलग होती है...
अपनी जो होती है सबकी...
क्योंकि बुनते यहाँ सब अपना ख़्वाब हैं,
कोई ख्वाबों में जीता है...
तो कोई ख़्वाबों को हक़ीक़त में बदलता है!!
ज़िंदगी जैसी भी हो...बड़ी ही खूबसूरत है।
बस अपने आज को अपनाने के लिए हिम्मत चाहिए
और आगे अपनी मंज़िल की ओर बढ़ने के लिए
हौसला!!
जीवन जिज्ञासा है... तभी तो आपकी आँखें...
मेरे शब्दों को अपनी नज़रों से हैं छू रही...
मन कुछ न कुछ सोच रहा और दिल कि धड़कने
धड़क रही!!

जीवन का सत्य

यहाँ अकेला तू आया है,
अकेला ही यहाँ से जाएगा।
क्या है ऐसा इस दुनिया में
जिसे तू अपने संग ले जाएगा?
इस अनंत ब्रह्मांड में,
तू माटी के कण से भी छोटा है।
अस्तित्वहीन शरीर को सँवारता हुआ,
तू वह सिक्का खोटा है।
अपनी बंद आँखों को खोल कर देख,
बड़ी ही तुच्छ तेरी काया है,
घिरा हुआ है तू चारों ओर से,
यहाँ सिर्फ मोह माया है।

तू सिर्फ एक शरीर नहीं,
तू है बिंदु स्वरूप,
परमात्मा से द्वारा मिला है तुझे,
यह छोटा सा रूप।
तू इस जगत को आया है,
तूने अनोखा अवसर पाया है।
इस जीवन रूपी नाटिका में,
तू अपने किरदार को पहचान,
इस रंगमंच पर आने का
तू अपना कारण जान।
सही समय पर अपना कार्य समपर्ण कर,
जब जाने का वक़्त आ जाए,
तू ईश्वर के पास लौट चल।

अब तो तुझे जागना होगा

जागो तुम ओ मेरे प्यारे,
क्यों पड़े हो तुम अवसर की राह निहारे?
इस घोर निद्रा को त्याग कर अपने लिए अवसर खुद बनाना होगा,
अब तो तुझे जागना होगा।

वह स्वप्न की दुनिया निराली,
बेहद सुंदर, बेहद प्यारी,
पर तुझे हकीकत को अपनाना होगा,
अब तो तुझे जागना होगा।

नदियों को बहना किसने सिखाया?
आगे बढ़ने का रास्ता किसने दिखाया?
अपना रास्ता खुद ही बनाना होगा,
निद्रा को त्याग कर अब तो तुझे जागना होगा।

जीवन की यह कैसी माया?
कैसा यह विपदाओं का साया?
मंज़िल की ओर तुझे भागना होगा,
अब तो तुझे जागना होगा।

क्यों असमंजस में खोया तू है?
वास्तविकता से भागकर सोया तू है,
जीवन के अमृत को अब तुझको ही पाना होगा,
मेरे प्यारे तुझको तो हर हाल में अब जागना होगा।

रुकना नहीं है हमें कभी

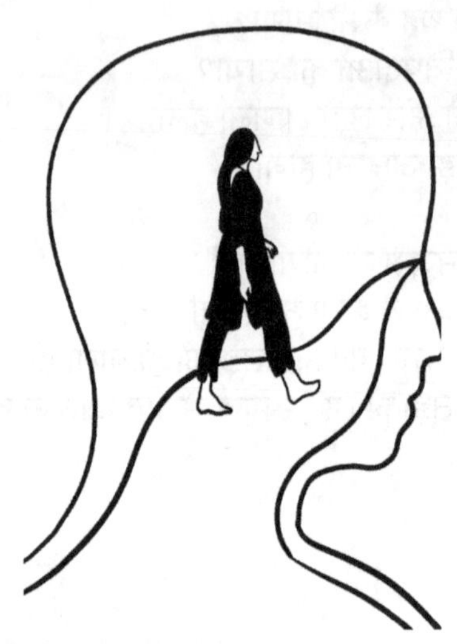

रुकना नहीं है हमें कभी,
मंज़िल चाहे मिल जाए अभी।
यह सफ़र तो ज़ारी ही रहेगा,
न जाने कब यह खुद हम से कहेगा,

रुकना नहीं है हमें कभी,
मंज़िल चाहे मिलजाए अभी।

बंधन में बंधता इंसान है,
पर इस बंधन को तोड़ेंगे हम।
क्या हौसला है हम में कम?

जीतना हमारी चाह है, लंबी हमारी राह है।

राह पर चाहे आएँ लाखों कांटें,
नहीं रुकेंगे हम।
चाहे आ जाए मुश्किलों से भरे तूफ़ान,
नहीं झुकेंगे हम।

हम थक कर रुकने वालों जैसे नहीं,
ख़ामोखा हम यूँ कहते नहीं।
हम उन जैसे नहीं जो
थक कर पीछे रह जाए,
हम उन वीरों के जैसे हैं,
जो आगे बढ़ते जाएँ।

रुकना नहीं है हमें कभी,
मंज़िल चाहे मिल जाए अभी।

क्षत्रीय

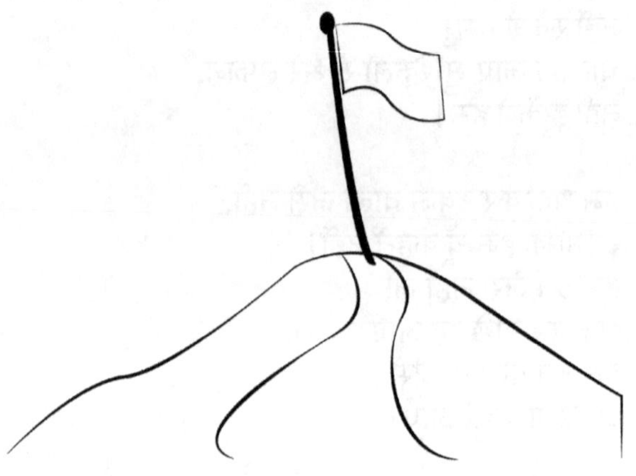

देख ले तू उस उगते सूरज को जलते हुए,
हो जा तैयार तू युद्ध में लड़ने के लिए,
तेरे रग में बहते उस रक्त की सौगन्ध लिए,
जन्मा तू है इस धरती पर इस धरती के शौर्य के लिए।

कौन बता इस वीर को
जीतने से रोक पायेगा?
जिसने छुआ तेरे तलवार को,
उस पर तू मृत्यु बरसायेगा।

आ गया है समय इस धरती के
क़र्ज़ को चुकाने का,
रख कर इस धरती का मान,
अधर्म को मिटाने का।

वार प्रबल करते चल,
तू क्रोध का मशाल सा जल,
लहू की नदियाँ चाहे क्यों न बह जाए,
तू इस युद्ध में लड़ता चल।

चाहे आए देह पर घाव की निशानियाँ,
या चाहे आ जाए अति कठिन परेशानियाँ,
बढ़ता चल तू विजय ध्वज को लहराने के लिए,
चाहे आ जाए वीर गति का बुलावा
इस मिट्टी में समा जाने के लिए।

तू रुकना मत, हर घड़ी सिर्फ आगे बढ़ता जा,
हर मुसीबत के आते ही उसे हराता जा,
तेरी शक्तियों को इस युद्ध में समा जाने दे,
तू क्षत्रीय है, खुद को क्षत्रीय धर्म निभाने दे।

कलियुग

काम, क्रोध,लोभ, मोह से भरा संसार है
मनुष्य में है बढ़ रहा देखो अहंकार है।
धर्म की जगह यहाँ देखो अधर्म बढ़ रहा,
सृष्टि को ज़रा देख लो अंत की ओर यह बढ़ रहा।

घर-घर में देखो हो रहा
कलह अपार है,
इस धरती में यही
विनाश की पुकार है।

गरजते हुए घन की तरह कलि यहाँ उमड़ रहा,
अंत की तरफ़ समय को लेकर आगे बढ़ रहा।
होते न थे बीते युगों में ऐसे करतबें कभी,
घट रही हैं विचित्र घटनाएँ कलियुग में कई।

जल रही है देखो अग्नि में मनुष्यता
हो रही है मनुष्य की मनुष्य से ही शत्रुता
दिलों में सबकी जल रही प्रतिशोध की कैसी यह आग
है?
समय के संग बन रहा क्यों यह क्रोध भरा राग है?

सुनो ओ मेरे दोस्तों,
यह वक़्त है जागृत होने का,
अग्नि सी जल रही हम में
क्रोध को मिटाने का।

यही समय है जीवन में निष्काम रह कर
त्याग की राह अपनाने का,
इस जीवन चक्र से हमें
स्वतंत्र हो कर मोक्ष पाने का।

कवि का जुनून

बुला रहीं हैं कुछ आवाज़ें हमें,
उस क्षितिज के पार से।
वहाँ बसी उस दुनिया में,
जो अलग है इस संसार से।
जब सोचूँ कि क्या यह मुमकिन है!
सब काल्पनिक लगता है,
भला उस क्षितिज के पार कैसी दुनिया,
जहाँ से वह सूरज उगता है!
फिर डूब जाती हूँ उन खयालों में,
जिन का होना मेरे लिए सुकून है,
वह कल्पना ही तो है,
जो इक कवि का जुनून है!

कविताएँ

कविताएँ होती हैं ऐसी
जो मुरझाए मनुष्य में प्राण भरे
जीवन की ध्वनि से जोड़े हमको
और बाधाओं को आसान करे।

अंतर्मन के भावों की
सजावट से ये प्रकट होती हैं,
शब्दों के ताल-मेल से
कविताएँ जन्म लेती हैं।

साहित्य की दुनिया
कविताओं के बिना अधूरी है,
कविताएँ तो किताबों में
छिपी हुई कस्तूरी है।

हर कवि का होता है
इन्हें लिखने का अपना अंदाज़,
कविताएँ ही तो होती हैं
एक कवि के मन की आवाज़।

धरती का संगीत

आओ मित्रों प्यार भरी इन यादों को आपस में बुनते हैं,
इस धरती का सुरीला संगीत मिलकर सुनते हैं।
देखो धरती कितनी प्यारी गीत स्वयं रचती है,
सुर से भरी हुई संगीत हमें सुनाती है।

सुनो मेरे प्यारे मित्रों, इस धरती के संगीत को,
वर्षों से चल रही प्रकृति की इस रीत को।
यह संगीत है बाकियों से थोड़ा अलग,
सारी दुनिया में फैली है इसकी अनोखी झलक।
चलो चलें हम समुद्र के किनारे
सुनने लहरों को गाते गीत,
आसमान में काले बादल
गरज रहे गा के संगीत।

बारिश की बूँदे भी बहुत सुरीली गाती हैं,
धरती के गीत में अपना सुर मिलाती है।
पहाड़ों से क्या देखा है तुमने गिरते हुए झरनों को?

जो तय करते हैं लंबे रास्ते नदियों से मिल जाने को।

सुनो-सुनो ओ मित्रों चलो
वन भ्रमण तुम्हे करवाती हूँ।
वन से आती तुमको
वनस्पतियों का गीत सुनाती हूँ।

क्या देखा है तुमने पेड़ों को
कभी गाते गीत?
हवाओं के संग धुन बनाकर
सुनाते हुए सुरीला संगीत!

हर एक पक्षी कलाकार है
जो हमें अपना मीठा गीत सुनाता है।
अपनी आवाज़ से हमें
अपना परिचय देता है।

इस धरती पर हर कोई
प्रेम से गीत गाता है।
अपने दिल से निकल रहे
सुर भरा संगीत सुनाता है।

बारिश का इंतज़ार

द्वार-किवाड़ें तरस रहे हैं,
मन में मेघा बरस रही है।
कब जाने सावन चौखट पर
संदेशा लेकर आएगा?

प्यासी रूह पर प्यार भरी,
बारिश की बूँदे बरसाएगा!

सूखे कुएं सा खाली मन,
क्या पानी से भर पायेगा?

बाल समय तो गुज़र गया यूँ...
क्या यौवन में बारिश आएगी?
कब मेघा आखिर हम पर
पानी बरसायेगी!

देखो बैठे वहाँ मोर-मोरनी
आसमां में मेघ की राह देखे
मायूस मन में बात छिपाए,
बादलों के बरसने की आस में।

नदियों के किनारे रहने वाले क्या जाने
रेगिस्तान में जीना क्या होता है!
पानी की जगह आँसू बहते हैं यहाँ आँखों से,
दिल धड़कता नहीं रोता है।

बिन बारिश के जी रहे हम
हमारे घाव बड़े गहरे हैं,
हम बंजारे जो ठहरे इस बंजर ज़मी के...
हमारे कच्चे बसेरे हैं!

जिसका कोई ठिकाना नहीं
वो क्या ही कर सकता है!!
बस हो सके तो भगवान से दुआ कर
उन मेघों को बुला सकता है।

हम भी जुड़े हैं इसी ज़मीं से तुम्हारे जैसे

इसी मिट्टी के स्वाद चख कर हम जीते हैं।
फर्क इतना है कि तुम बारिश से हो परेशान,
और हम बारिश के इंतज़ार में!!

सावन का मौसम

आया है सावन का मौसम
मेरे आंगन में बारिश की बूंदों को लेकर,
जैसे लाया हो ढेर सारी दुआओं का जवाब
उन छोटी-छोटी बूंदों के अंदर।

आज ये दुआएँ मुझ पर हैं बरस रही
इन्हें पाने के लिए मैं वर्षों से थी तरस रही
आज जीवन में वर्षों बाद सावन का मौसम आया है
मेरे दामन को बारिश की बूंदों ने भिगोया है।

मन में कुछ अभिलाषाएँ लेकर,
कर रही थी इस वक़्त का इंतज़ार,
कि कब बरसेगी बारिश मुझ पर
और खुलेगा मेरे घर का द्वार।

आया है सावन का मौसम
लेकर खुशियों को मेरे द्वार

मेरे आँगन में छाई है
बारिश की बूँदों की बहार।

बूँद का सफ़र

सागर में समाई बूँद हूँ मैं
जल का बहता रूप हूँ मैं
आई हूँ यहाँ उस पर्वत से
राहें गढ़ कर, नदी के संग बह कर।

जीवन मेरा आश्चर्यों से है भरा
कितना अनोखा, कितना गहरा!
थी बर्फ़ मैं चट्टानों से जड़ी,
हीरों के टुकड़ो सी थी सजी।

फिर रूप में कुछ बदलाव हुआ
अलग सा मन का भाव हुआ,
मैं धीरे-धीरे पिघलने लगी
बर्फ़ से पानी बनने लगी।

अब मुझको नई पहचान मिली

मैं पानी बन कर बह चली।
जब अपनी अवस्ता का ज्ञान हुआ
कुछ प्रश्नों ने मेरे मन को छुआ!

वह घर कैसा जो विशाल नहीं?
मेरे स्थिर रहने का तो सवाल नहीं।
मैं बर्फ़ थी पर्वत पर सजी,
पर कैसे इतनी जल्द बह चली?

पर्वत मालाओं से जब उतरी
नई दुनिया को देखने चली
गाँवों, शहरों से हो कर गुज़री
बनकर मैं एक विशाल नदी।

नहरों में जाकर मैंने किया
खेतों को उपजाऊ प्रबल
धरती पर समाकर मिला मुझे
फसलों से मिलने का अवसर।

कर्तव्य को निभाते हुए
जीवों की प्यास बुझाते हुए
चल पड़ी अपने घर की ओर
जीवन को अपने संग लिए।

अब समुद्र मुझसे दूर न था
बिन संगम मेरा जीवन सम्पूर्ण न था।
फिर देखा मैंने विशाल सागर,
जो था मेरा खूबसूरत सा घर।

अपने घर तक मैं पहुँच ही गई
मीलों सफ़र तय करने के बाद
पहाड़ों को अलविदा कहना ही था,
मुझे अपने लक्ष्य तक जो पहुँचना था आज।

जीवन है तो प्रेम है

प्रेम के बिन यह जीवन कैसा ?
बिन शिल्प कला के पत्थर जैसा।
जहाँ न हो जीवित होने का अहसास,
कैसे होगी वहाँ जीने की आस?

प्रेम से ही तो जीवन है
बिन प्रियतमा के अधूरा प्रीतम है।
जो राग के बिन संगीत रचे,
वह कैसे भला जीवन का स्वाद चखे?

क्या होता है शून्य से दूर पवन?
बिन वृक्षों का कैसा उपवन?
बिन शरीर का कैसा मन?
जहाँ प्रेम न हो वह कैसा जीवन?

जीवन कोई ठहराव नहीं,

चंचलता है इसकी पहचान,
प्रेम भरी परिभाषा है जिसकी,
जीवन है जिज्ञासा के समान।

जीवन है तो प्रेम है
प्रेम के बिना जीवन नहीं
जैसे पंचतत्व से बने इस शरीर का
बिन प्राण कोई परिचय नहीं।

अमूल्य उपहार

पाया मैंने एक अमूल्य उपहार
जो है मेरे लिए अमृत समान
यह है भाई-बहन का प्यार।
थी मैं माता-पिता की प्रथम संतान
एक अकेला रहना न था मेरे लिए आसान।
देखा करती थी जब अपने मित्रों का परिवार,
मिलता था उन्हें अपने भाइयों और बहनों से बहुत सा प्यार।
जब भी आता था रक्षाबंधन का त्योहार,
भाइयों के कलाई में बांधती थी वह राखी हर साल।
मुझे भी अपने भाई के कलाई में राखी बांधनी थी,
हर वर्ष उसके संग मिलकर रक्षा बंधन मनानी थी।
आया मेरा प्यारा भाई लेकर
मेरे जीवन में खुशियों की बहार
आखिर मुझे मिल ही गया
भाई-बहन का प्यार।

मेरी माँ

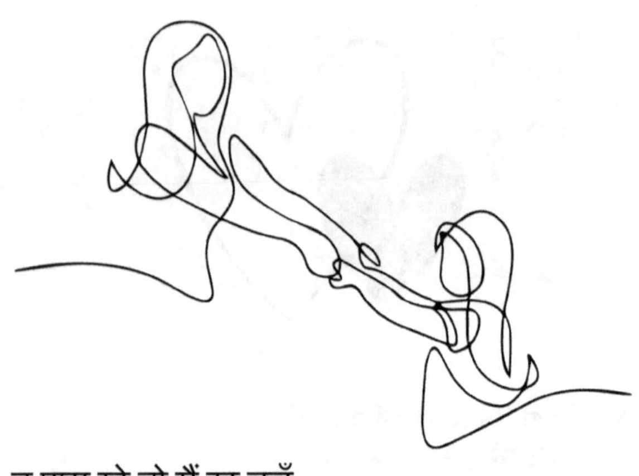

तू पास रहे तो मैं दूर चलूँ
तू साथ रहे तो मैं फूलों सी खिलूँ
तेरे चेहरे की एक झलक
अब है मरुभूमि में पानी जैसी,
मिलजाए तो तृप्ति मिले
जैसे बंजर ज़मीन में फूल खिले।
यहाँ मैं आई तुझसे दूर
तुझ ही से है मेरे चेहरे का नूर।
क्यों मेरे जीवन में आया है यह मोड़?
क्यों आई हूँ मैं तुझे छोड़?
यहाँ तेरे बिन मैं अकेली हूँ,
तुझसे बिछड़कर मैं अधूरी हूँ।
माँ तू जल्द ही मेरे पास आजा,
तेरे बिन मेरे साँसे अधूरी हैं
तू मेरे पास आकर मुझे इन्हें दिला जा।

मेरे पिता जी

कहते हैं, "माता का
कोई नहीं ले सकता है स्थान,
चाहे कुछ भी हो जाए
पिता का होता है खुद पर अभिमान।"

सुनी लोगों से ऐसी बातें
जब से हुई समाज में पहचान
पर इनकी बातों को समझ न सकी,
ना ही समझा इनका ज्ञान।

जबसे बचपन शुरू हुआ
फूलों सा मुझको संवारा है,
ऐसा मैंने बाबुल है पाया
जो सारे जग में प्यारा है।

होती है माँ ममता से भरी
पर ऐसा पिता मैंने पाया,
जो ममता की मूरत बन

मेरे जीवन में आया।

आसमान से ऊँचा हमेशा
जिसका औदा है,
जिससे मुझको नाम मिला,
पहचान भी उसी का दिया तोहफ़ा है।

रोज़ सवेरे सबसे पहले
मेरी आँखें जिनका दर्शन करती है,
सूर्य से दिव्य हैं मेरे जीवन में वह,
जिनसे मेरा अस्तित्व बनता है।

कभी क्या तुमने भोजन को
अन्न दाता के हाथों खाया है?
मैंने तो पापा के हाथों से
जीवन का अमृत पाया है।

लाड़-प्यार से जो मुझको
कहानियाँ सुनाते हैं,
नींद न आए कभी मुझे अगर,
तो प्यारी लोरियाँ गाते हैं।

वीर योद्धाओं की जिन्होंने
मुझे कहानियाँ सुनाई हैं,
अपनी हिम्मत और ताकत
से मेरा परिचय करवाया है।

कहती हूँ मैं लोगों से
जो पिता से भी ममता पाते हैं,

होता है सौभाग्य उनका,
और वो धन्य हो जाते हैं।

लौटा दे मुझको मेरी माँ

देखती मेरी ये आँखें
उस आसमान के तारों को,
बादलों से बन रहे
उन खूबसूरत नज़ारों को।

कैसे तारें टिम-टिमाकर
चाँद से गप्पे लगाते हैं।
देख कर इन्हें साथ-साथ
हम तो खुश हो जाते हैं।

जिसके घर में छत नहीं
वह आसमाँ से बातें करते हैं,
ना मिले एक वक्त का भोजन

तो नींद का इंतज़ार वो करते हैं।

ना मिले ओढ़ने को चादर
तो कोई भी गम नहीं,
पर मुझे तो यह गम सताता,
माँ का आँचल क्यों नहीं?

खुशनसीबों के जीवन में
ममता का आँचल होता है,
क्यों नहीं खुशनसीब मैं?
यह सवाल मुझे सताता है।

देखता हूँ जब रास्तों पर
चलते-फिरते लोगों को,
मुस्कुरा देता हूँ देखकर
उनकी खुशनसीबी को।

ए खुदा तेरा बनाया हुआ
कैसा यह संसार है?
एक तरफ़ तो है गरीबी,
एक तरफ़ खुशिओं का त्योहार है।

न चाहिए धन-दौलत मुझको,
न चाहिए ऐशों-आराम,
न चाहिए उन सितारों से
भरा वह आसमान।

मांगता हूँ सिर्फ़ तुझसे,
दे दे मुझको मेरी जान,

जी कर भी तड़प रहा हूँ उसके बिन,
लौटा दे मुझको मेरी माँ।

घर कहाँ है?

उस क्षितिज को देखूँ जब
घर की याद मुझको आती है,
माँ की यादें आज मुझको
बहुत सताती है।

परदेस में आने पर
यह महसूस होता है,
छोड़कर आना अपनी
ज़मी को क्या होता है!

मकानों से घिरा हुआ
हूँ खड़ा इस भीड़ में,
कैसे ढूँढू अपने घर को
जो है नहीं इस ज़मीन में।

मेरा घर तो क्षितिज
के उस पार है,

जिस ज़मीन पर बहती है गंगा,
उत्तर में हिमालय का पहाड़ है।

सूर्य के उगते ही मिट्टी
सोने सी चमकती है,
गेहूँ की फसलें
हवा के संग लहराती है।

चिड़ियों की आवाज़ों से
आँगन मेरा खिल उठता है,
हल्की-हल्की धूप और
पेड़ों की छाँव का मिलन होता है।

मेरे गाँव का जब भी
खयाल आता मुझको है,
आम के पेड़ों पर चढ़ने
का दृश्य मन में आ जाता है।

घर के आगे मंदिर में
जब बजती है घंटियाँ,
चले आती है माँ से प्रसाद लेने
नन्ही-मुन्नी बच्चियाँ।

जब भी माँ खाने बुलाती
मुझको आपने हाथों से
दौड़ा चला आता हूँ मैं,
भावुक होकर उसकी बातों से।

आज जब मैं खोजता हूँ,

है कहाँ वह घर मेरा?
जिसमें बसती है हमारी
खुशियाँ और होता रोज़ नया सवेरा।

सयुंक्त परिवार

जिस आँगन में खेला था मैंने,
मेरे घर का वह आँगन कहाँ गया?
जहाँ कदम-कदम पर खुशियाँ होती थी,
वह खुशियों का दामन कहाँ गया?
क्या हुआ वर्षों पहले यहाँ?
सब कुछ इतना क्यों बदल गया?
जहाँ रहता था एक सुखी परिवार,
क्यों वह आखिर बिखर गया?
बड़ों से आखिर ग़लतियाँ होने पर
हमें चुप रहना पड़ता है।
पर उनकी नादानी की सज़ा
हमें क्यों भुगतनी पड़ती है?
मैं आज वहाँ जाया करती हूँ,
जब खोजती हूँ अपना घर
वहाँ पर एक टूटा मकान पाती हूँ
जो कब का गया बिखर।
कहाँ गया वह घर जहाँ
हम सब मिलकर रहा करते थे?

तब हम एक सुखी परिवार कहलाते थे।
क्यों धन-दौलत के लिए
अपनो में बँटवारा होता है?
क्यों कोई यह नहीं समझता कि
साथ रहना ही दौलत होता है।
घर के बच्चे वृद्धों से
अत्यंत प्यार पाते हैं।
जीवन का मूल्य तो वह
उन्हीं से सीख पाते हैं।
मज़बूत रिश्तों से ही
घर की नींव मजबूत होती है,
जिस घर में प्यार नहीं,
वह केवल एक मकान कहलाता है।
बँटवारे के कारण हम बिछड़ गए
अपने भाई बहनों से।
ना चाहकर भी बिछड़ गए
हम अपने घरवालों से।
घर के हर सदस्य से मिलता था हम सबको प्यार
कहाँ गया हँसता खिलता मेरा वह संकुक्त परिवार?

माखन चोर

धीरे से घर का किवाड़ खोल
आया वह अंदर और कुछ रहा टटोल
छोटे-छोटे कदम लिए यह
बढ़ रहा यह है माखन के मटके की ओर
यही तो है हमारा माखन चोर।

चुपके से यह घर को आता
अपने मित्रों को साथ है लाता
इसको माखन बहुत है भाता
तभी तो यह माखन खा जाता।

मुरली तो यह खूब बजाता

गोपियों को यह खूब सताता
पर सबको यह बहुत है भाता
सबके मन को मोह जो लेता।

यह है हमारा बाल कन्हैया
यशोदा का नंदलाल कन्हैया
माखन तो इसे बहुत ही भाता
तभी तो यह माखन चोर कहलाता।

पारस पत्थर

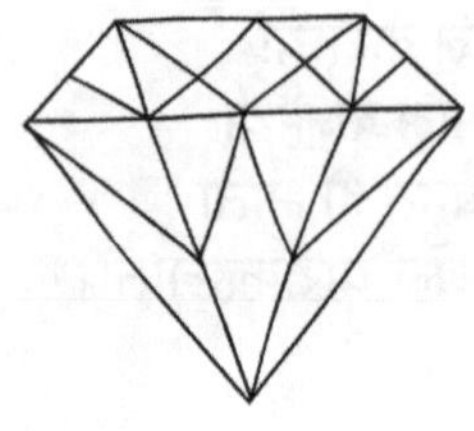

पाया मैंने पारस पत्थर,
दुनिया के हर कोने में
जिसे खोजना चाहा अक्सर,
खोज लिया आखिर उसको,
पाया मैंने पारस पत्थर।
यह असंभव को संभव करता,
चीज़ों को है स्वर्ण में बदलता,
पाना इसे था स्वप्न बराबर,
पाया मैंने पारस पत्थर।
जीवन के कोलाहल से
धरती के उस अंतिम स्थल तक,
ढूँढा मैंने इसे है जम कर,
की मेहनत जी भर कर।
मिला रास्ते में एक दिन वह नक्शा,
दिखाया था जिसने मंज़िल तक का रास्ता,
लिखा था उसमें जीवन का वह राज़,
जो दिलाता है वह स्वर्णिम ताज।
दिन रात और रात दिन में गए बदल,
हो रही थी मैं अपने ख़ोज में सफल,

मिल गया मुझे उस तक पहुँचने का अवसर,
पाया मैंने पारस पत्थर।
अगर तुझे है इस को पाना,
तो याद रहे मेहनत करते जाना,
जीवन के परीक्षा को अपनाना,
इसे जीत कर पारस बन जाना।
जो जीवन के पहेली को सुलझाता,
मुश्किलों को हृदय से अपनाता,
वह हर क्षेत्र में विजय है पता,
खुद ही वह पारस बन जाता।
किस सोच में है डूबा तू यह सुनकर?
तुझ में ही छिपा है यह राज़,
जीवन की परीक्षा में सफ़ल हो कर,
पा ले तू भी पारस आज।

मित्रता

बात करूँ जब बाल समय की,
कोई न था तब मेरा दोस्त,
अकेली खेला करती थी गुड़िया से
स्कूल में अकेली खाना खाती थी हर रोज़।

माँ के पास जाकर खूब रोया करती थी,
"क्यों नहीं है कोई मेरा दोस्त?" माँ से पूछा करती थी।
माँ कहती थी, "देखो बेटी नहीं है यह कोई बड़ी बात,
अगर नहीं है दोस्त कोई तो खुद से दोस्ती कर लो
आज।"

"याद रहे मानवों की दोस्ती का कोई भरोसा नहीं होता
है,

अगर किताब से करो दोस्ती तो वह कभी न धोखा
देती है।
जब भी उस से बात करोगी देगी तुमको बहुत सा
ज्ञान,
जीवन की इस परीक्षा में हो जाएगा हर प्रश्न आसान।

अगर कभी फिर भी लगे तुम्हें कि हो रही है दोस्तों की
कमी,
ज़रा अपनी नज़र उठाना तुम्हें दिखेगी खूबसूरत
ज़मीं।
देखो कैसे माटी से पौधे नमी पाते हैं,
कुछ ही समय में यह रंग-बिरंगे फूलों से भर जाते हैं।

देखो कैसे इन फूलों से मिलने
खूबसूरत तितलियाँ आती है,
इन फूलों की शोभा को
यह खूब बढ़ाती हैं।

याद रहे मेरी छोटी सी उपवन की कोमल कली,
तुम भी एक दिन फूलों सी खिलोगी
लगोगी एक दम प्यारी सी परी।
याद रहे उस दिन तुम्हारे पास तितलियाँ आएँगी
जो तुम्हारी मित्रता पाने लायक हो वह तुम्हारी मित्र
बन जाएँगी।

मंज़िल के मुसाफ़िर

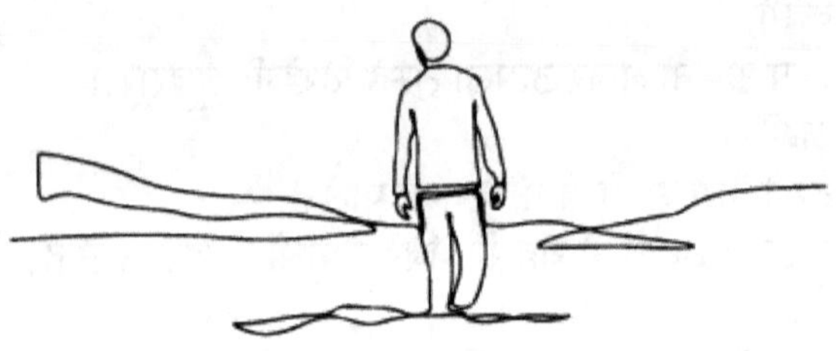

आँखों में अरमान और मन में अभिलाषाएँ लिए
हम मुसाफ़िर मंज़िल को पाने की राह में आगे बढ़ रहे।
खाली हाथ में मुट्ठी भर हौसला लिए हम चल रहे,
अपनी मंज़िल तक का रास्ता हम स्वयं ही गढ़ रहे।
कदम-कदम पर चुनौतियों का सामना हम कर रहे,
आशिकी हुई है राह से हमको, उस राह के हम राही बन रहे।
बुलंद हौसलों के संग हम आगे बढ़ रहे,
मंज़िल को पाने की तैयारी हम कर रहे।

जब रुकने का ख्याल आता है, मंज़िल हमें पुकारती है,
कहती है कुछ कदम और...वह हमें अपनी ओर
बुलाती है।
वह दिन याद आता है जब हमने अपने लक्ष्य को
पहचाना था,
तभी तो हमने इस रास्ते को दिल से अपनाया था।
फिर हम हिम्मत को हमसफर बनाकर
आसमान में इंद्रधनुष आंकने चल पड़ते हैं।
अपने जीवन के लक्ष्य को आखिर हम पा लेते हैं।

मन का प्रतिबिंब

खिड़की के बाहर बारिश में
दोस्तों को खेलते देखती हूँ,
उनके चेहरे पर उमंग देखकर
मैं हैरान हो जाती हूँ।
जब देखूँ उस खिड़की के बाहर
उन्हें आपस में खेलते हुए,
चेहरे पर मुस्कान लेकर
बारिश में भीगते हुए,
मन करता है मैं भी खेलूँ
उनके साथ बारिश में,
खुशी-खुशी खेलूँ बरसती हुई
उन बूँदों में।

अचानक बारिश की एक बूँद
मुझ पर गिर जाती है,

खुशनुमा मौसम का दृश्य अब
फीका सा पड़ जाता है।
छत से टिप-टिप बारिश की बूँदे
नीचे गिरनी लगती है,
कोने में बैठी मेरे दादी अम्मा
उन्हें बैठे गिनते दिखती है।
बारिश में खेलूँ कैसे
जब छत से पानी टपकता हो?
घर की छत की मरम्मत करना
हमारे बस में न हो!
फ़र्श हो गीली, गीली चारपाई,
दीवारें भी जिस घर की गीली हो,
कैसे भला उस घर के बच्चों को
बारिश प्यारी हो?

सुन लो मेरी प्यारी सखी

सुन लो मेरी प्यारी सखी
खुद को तुम क्यों रोक रही?
क्यों अपने सपनों को
पूरा करने से खुद को तुम टोक रही?

जीवन के खाली पन्नों को आखिर
तुम्हें ही भरना है।
जो मन में है ठाना था तुमने
उसको हर हाल में सच करना है।

मत दो खुद पर हक किसी को
तुम पर हक़ सिर्फ़ तुम्हारा है।
जीवन जो पाया है तुमने
यही तो तुम्हारा जीने का सहारा है।

इस पुरुषप्रधान समाज में
मत बनो तुम किसी की कठपुतली,
मत मानो उन रिवाजों को
जो छीने तुमसे आज़ादी।

ओ सखी! सुनो तुम
अपनी मन की आवाज़
जानो आखिर क्या है
तुम्हारे अपने मन की बात?

जिसे न आता हो जी हुज़ूरी करना,
वह कैसे बेड़ियों में बंधे रह पायेगी?
जो जन्मी हो आज़ाद रहने,
वह कैसे कैदी बन जी पाएगी?

जीवन के कोलाहल को शोर मचाने दो,
जो चाहे कहे समाज उसे तुम कहने दो,
पर तुम सुनो सिर्फ़ अपने मन की आवाज़
आगे बढ़ते चलो उस राह पर जो ले जाएगी
तुम्हें अपने लक्ष्य के पास।

आत्मसंगिनी

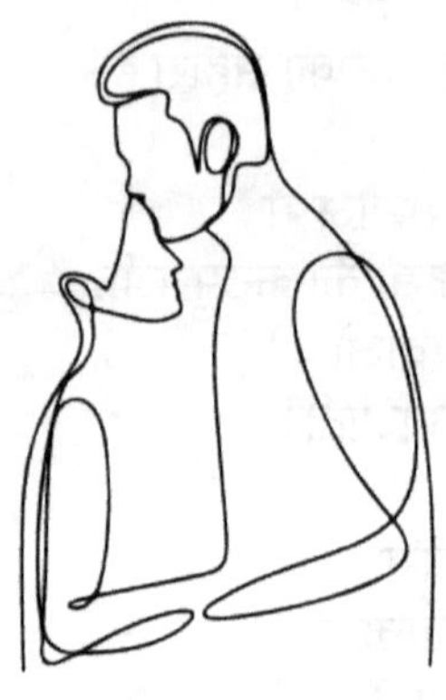

तेरी नज़ाकत से भरे नैनों से
जब तूने मुझको सलाम किया,
तेरे आशिक़ हम बने उस पल
लिख लिया हमने दिल पे तेरा नाम प्रिया।

देखा न था मेरी आँखों ने
प्रेम को ऐसा रूप लिए,
आशिक़ तेरे हम बने उस पल
जब से मिली तुझसे नज़र।

शायर थे फिर हम दीवाने बने
तेरे हुस्न के परवाने बने,
कभी शेर लिखा, कभी गीत सुना
यादों में तेरी फिर खोने लगे।

तू आई बन कर अप्सरा मेरे दर पर
था मेरा बस एक माटी का घर
मेरे घर का दरवाज़ा खुला
तेरे स्वागत में यहाँ दीप जला।

मैं लेखक था एक मामूली
घर था जिसका बिल्कुल खाली।
तूने उस घर में क्या देखा?
कैसे इसे तूने अपनाया?

जब से तू इस घर में आई
इस घर में रौनक सी छाई
माटी के फ़र्श पर तूने रखा कदम
इस घर को अपना माना हर दम।

बन कर मेरी घर की लक्ष्मी
मेरे जीवन में तू आई,
तेरे आने से जीवन में मेरे
रौनक ही रौनक छाई।

श्वेत रंग के कागज़ को मैंने स्याही से रंगते देखा
हमारे घर के आँगन में खुशियों को खिलते देखा,
तेरे वर्णन करते हुए इन शब्दों को सजते देखा
तुझको मैंने जननी का रूप लेते देखा।

चाहे हो मुश्किलें या खुशियों का मौसम
तूने दिया मेरा साथ हर दम,
जीवन को तेरे संग सफल होते देखा,

जब से रखा तूने मेरे जीवन में कदम।

चाहे ले लें हम इस धरती पर हज़ारों जन्म
तू ही आए मेरे जीवन में
मेरी आत्मसंगिनी बन कर
यही रहेगी मेरी ख्वाइश हरदम।

मित्र विलाप

वह लम्हें भी क्या लम्हें थे
बीते वर्षों में यादें बनकर खो गए।
बारिश की बूँदे जैसे थे,
ज़मीं में समाकर सो गए।

वो लम्हे बड़े हसीन थे,
बागों में खिलते फूलों के जैसे,
वह समय बचपन का था,
नाज़ुक कलियों के जैसे।

कुछ साल ही तो हुए थे
हमें इस धरती पर जन्म लिए,
मिले थे हम दोनों तीन वर्ष के आयु में,
हमेशा दोस्त बने रहने के लिए।

मासूमियत को दिलों में लिए
आपस में खेला करते थे,
विद्यालय में साथ दाखिला लेकर,
रोज़ साथ पढ़ने जाया करते थे।

खाने की जब बात आती,
मुझको तेरे घर का खाना भाता
आज भी जब याद करूँ उस पल को
तेरे घर का पिछला आँगन मुझे याद है आता।

चाहे हो बारिश, आँधी या धूप
या हो मौसम का कोई भी रूप
कोई हमें मिलने से रोक सकता था भला!
हम हर दिन मिला करते थे।

चाहे बाज़ार का चॉकलेट हो सीटी वाला,
या हो वह गुब्बारा पानी वाला,
हम दोनों की थी एक पसंद
जैसे आसमान में इन्द्रधुनश के सारे रंग।

वह था हमारा बाल समय
अपरिचित थे जीवन की लय से हम,
चाहे हो नजाने कितनी खुशियाँ
कभी न कभी आता है जीवन में गम।

एक दिन अचानक पिता जी का तबादला हो गया!
हमारे बिछड़ने का मौसम आ गया।
नहीं था मुझे कोई बिछोह का ज्ञान,

नहीं था मालूम कि दोबारा तुझसे मिलना न होगा
आसान।

हम सामानों को बांध कर चल दिए,
उन हसीन यादों को अपने संग लिए...
पर जब जाना मैं फिर कभी न लौट पाऊँगी तेरे पास
हो गया मेरा मन बहुत उदास।

जब चली गई मैं तुझसे दूर
चला गया मेरे चेहरे का नूर,
कोई न था जिसे दोस्त कह सकूँ मेरे पास,
रहती थी मैं अकेली और बेहद उदास।

अकेले खाया करती थी स्कूल में,
याद किया करती थी तुझको उस वक़्त
सोचती थी अगर तू होती तो ऐसा न होता
हम साथ होते और यहाँ सब कुछ अच्छा होता।

जा चुकी थी तब तक
मेरे चेहरे की मुस्कान
तेरे बिन नहीं था
वहाँ कुछ भी आसान।

हर दम पूछा करती थी मेरे रब से मैं एक ही सवाल,
क्यों होता है पक्के दोस्तों का आखिर बिछड़ाव?
आज पूछते हैं सभी मुझसे—क्यों नहीं होती
मेरे चेहरे पर हर दम मुस्कान?
क्यों न घुल मिल पाती हूँ मैं सब से
जबकि वह होता है इतना आसान?

उनसे क्या कहूँ अब?
दुनिया को कहाँ दिखता है बीत हुआ कल!
कहने वाले कह देते हैं
जो दिखता है उन्हें मेरे चेहरे पर।

मेरे दिल में तो बिछोह के आँसू दफ़ने हैं,
इन आँखों ने देखें वर्षों से तुझसे मिलने के सपने हैं।
तेरे बिन खाना खाने पर आया नहीं फिर कभी वह
स्वाद,
जो आता था मिलकर माँ के हाथों से खा कर
साथ-साथ।

क्यों किया समय ने हमें अलग?
नहीं है तुझसे यह बिछोह आसान।
समय को मिलाना पड़ेगा हम दोनों को दोबारा लिनु,
भरोसा है, पूरा होगा मेरा यह अरमान।

मित्र से मिलन

बाल समय की मित्रता
होती है बहुत ही प्यारी
दुनिया से अपरिचित होते हैं हम,
पर होती है हमारी पक्की यारी।

इसी यारी के वास्ते
हम मित्रता के मोल को समझते हैं,
कच्ची उम्र में तभी तो
हम पक्के यार बन जाते हैं।

इसी तरह मिली थी मैं
अपने जीवन में तुम से पहली बार,
हुआ था परिचय मेरे दोस्ती से
पाया था मैंने एक नया परिवार।
आज जब तुमसे मुलाकात हुई
सुनी मैंने दोबारा वह आवाज़

जिसे सुन ने को तड़प रही थी वर्षों से,
हुआ हमारा मिलन बाईस वर्षों के बाद।

जो बचपन से मित्रों के संग पले
वह क्या जाने कि मित्र से बिछड़ना क्या होता है!
पर जिसका मित्र से बिछोह हुआ हो,
वह जीवन भर उस मित्र की यादों में जीता है।

जब से हम बिछड़े थे सखी
मैंने बस अपने मन में ठाना था,
तुझे ढूंढूंगी हर हाल में,
गुमी हुई दोस्त को मुझे पाना था।

वह बाल समय की दोस्ती
जीवन में अमृत से कम नहीं,
चाहे बीत जाए सारा जीवन
उसे भुलाना आसान नहीं।

पक्की दोस्ती हो जिनकी
उन्हें कैसे कोई मिलने से रोक सकता है,
जैसे नदियों के किस्मत में
समुद्र से मिलना लिखा होता है।

तुझको आखिर मिलकर पाया
मैंने उस खोये हुए बचपन को,
उस व्यक्ति का जीवन सम्पूर्ण हो जाता है लिनु,
जिसके जीवन में तेरे जैसी मित्र हो।

मोहब्बत से मुलाकातें

जब उस से मिलती हूँ,
मोहोब्बत से मिलने जैसा लगता है,
जो कभी हुआ न था मेरे साथ,
वो आज महसूस होता है।

उसके मेरे जीवन में आने से
मुझे दोबारा खुद से मिलने का बहाना मिला है।
जैसे मेरे दिल का आँगन
रंगोली से सजा है।

जब-जब छूती हैं उसकी नज़रें मुझे,
दिल में बेचैनी सी होती है।

क्या ऐसे होती है मोहोब्बत की शुरुआत?
दिल की धड़कनें सुनाई देती है।

वह अक्सर मिलने आता है,
नज़रों से बहुत कुछ कह जाता है।
चेहरे पर मंद मुस्कान लिए,
मुझसे बातें करता है।

जब हम साथ होते हैं,
हवाओं में नशा सा छा जाता है,
लबों से निकलती लफ़्ज़ों को,
जाने क्या हो जाता है!

कहना तो बहुत कुछ चाहती हूँ,
पर उस से कुछ कह न पाती हूँ,
देख कर उसे अपने करीब,
उसकी नज़रों में खो जाती हूँ।

जब दो दिलों में मिलने की चाहत हो,
तब वह एक दूजे से मिल पाते हैं,
तभी तो सबसे खूबसूरत यह
मोहब्बत से मेरी मुलाकातें हैं।

हमसफ़र

इस सुहाने से सफ़र में,
थामकर तूने मेरा हाथ,
दे दिया तूने हर घड़ी
मुस्कुराकर मेरा साथ।

इस सफ़र के यादें ही तो,
तेरे-मेरे जीत के बुनियाद है।
हर बदलती घड़ी में ये
यादें हमारे साथ हैं।

ज़िंदगी के इस सफ़र में
मुश्किलें हज़ार थी,
तेरे आ जाने पर न जाने
क्यों खुले मेरे मन के द्वार थे!

क्यों अकेला खो गया था?
जागते यूँ मैं सो गया था,
मुश्किलों को देख कर
क्यों मैं अधीर हो गया था?

फिर तेरे आने पर
अँधियारी में दिखी इक रोशनी,
रुके हुए इस मुसाफ़िर की
अब बदल रही थी कहानी।

तूने आकर ज़िंदगी के
इस सफ़र को रोशन कर दिया,
हमसफ़र जो ठहरी तू,
तूने ज़िंदगी को मुकम्मल कर दिया।

फ़िर वहीं मिलते हैं

फिर वहीं मिलते हैं,
इस भीड़ भरी दुनिया से दूर,
सागर के किनारे,
आसमान के नीचे,
जहाँ तक पहुँचती है
उन सितारों की आवाज़।
हर बार की तरह चल
सागर की उन लहरों को सुनते हैं,
लहरों के पास जाकर,
उनसे बातें करते हैं।

फ़िर वहीं मिलते हैं,
जहाँ मिले थे पिछले बार
तोड़कर उन फासलों को
जो बनकर खड़ी थीं हमारे बीच दीवार।
इस बार भी हवाओं का धुन सुनेंगे
जो आती है उस क्षितिज के पार से,
प्यार भरे गीतों को लेकर अपने संग
आती है वो समुद्र को पार कर उस संसार से।
चल इस दुनिया से दूर
उस क्षितिज के पार चलते हैं,
जहाँ कोई न अलग कर सके हमें,
फ़िर वहीं मिलते हैं।

शायरा बना दिया

मायूस रहा करते थे हम टूटे हुए दिल को साथ लिए...
अब मालूम होता है कि दिल का टूट जाना ज़रूरी था!!
कहा जाता है कि वह छोड़ जाते है हमें,
जो हमारे लिए बने नहीं...
तभी कहती हूँ उसका मुझसे दूर जाना ज़रूरी था।
टूटा हुआ दिल आखिर बहुत कुछ सिखाता है!!
दिल में छिपी भावनाओं को अल्फ़ाज़ों में सजाना
सिखाता है...
तन्हाई से बचने के लिए तड़पती रूह को...
लिखने का बहाना दिलाता है।
ज़िंदगी जीने के दरमियाँ...
यह दिल हमें खुद से मोहोब्बत करना सिखाता है!!
शुक्रियादा करूँ भी तेरा... तो कैसे करूँ ए दिल?

खुद जो टूटकर तूने मुझे संभलना सिखाया है...
उस दिन अगर तू टूटा न होता,
तो आज का यह दिन इतना सुनहरा न होता...
तूने मुझे खुद से मोहोब्बत करने का बहाना जो दे
दिया,
अपने अल्फ़ाज़ों को सजाना सिखाकर...
तूने मुझे शायरा बना दिया!!

इश्क़ की बाली उमर

आसमां में बादलों के मिलन की तरह
दो अजनबी राह पर टकरा गए,
किस्मत की बनाई हुई कठपुतलियों से वो थे
जिनके धागे आपस में उलझ से गए।

सूखे जीवन में कोई बारिश न थी,
रेत ही रेत से कोई ख्वाइश न थी।
दिख रही थी नदी की उम्मीद पर
सहरा से सराब की गुज़ारिश न थी।

किस्मत की लकीरों को ओझल किए
उस घड़ी यह दोनों दोस्ती से आगे बढ़े,
जीवन के अकेलेपन को दूर करते हुए,
एक दूजे के वास्ते ये हमसफ़र बनें।

यह भ्रम का समा दूर तक ना चला
फ़ासले जल्द ही यहाँ आने लगे,

बादलों का बिछड़ने का समय आ गया,
आसमां के तले दोबारा रेत सा छा गया।

चिट्ठियाँ मोहोब्बत के शिक़वे लिए
एक दूसरे के चौखट पर आने लगी
फासले बढ़ गए दोनों के दरमियाँ,
नदियाँ अब रेत सी बन जाने लगी।

अजनबी जो कि अब ठहरे नहीं,
अजनबी क्यों दोबारा बनने लगे
इश्क़ की डोर कच्ची ये साबित हुई,
अपनापन भूल कर अब दोनों अकेले हुए।

इश्क़ की वह थी बाली उमर
देखते-देखते नौजवां हो गए,
ज़िंदगी की तपिश में उलझे हुए हमसफ़र,
न जाने क्यों इश्क़ से खफ़ा हो गए!

दो प्रेमी

इन शामों में वह बात कहाँ
जो होती थी उन शामों में!
उल्फ़त के दरिये के किनारे जब
वो मिलते थे जैसे दो प्रेमी अफसानों में।

वो आशिक़ कहलाते थे,
दिल के रिश्ते से बंधे हुए,
जब एक दूजे को ना देखें
वह दीवानों से हो जाते थे।

उन शामों के बीती लम्हों में
अक्सर वो खो जाते थे,
ज़िंदगी को प्यार के नाम किये यह दो प्रेमी
एक दूजे को बेहद चाहते थे।

एक रोशनी से है भरा हुआ

दूजी सितारों से है सजी।
एक दिन में करता है राज
दूजी है अंधेरे आसमान की ताज।

चाहते थे इक दूजे को बेहद
पर हकीकत को यह था मंज़ूर नहीं,
सच्चे प्रेम में आती हैं
हर कदम पर बाधाएँ कई।

वे अलग हुए एक दूजे से
दिलों में जुदाई का शौक लिए,
पर दोनों ने वादा किया
मिलते रहेंगे वो सदा के लिए।

हर शाम अब ये मिलते हैं
पर कुछ की क्षण में कहते अलविदा
एक दूजे के चेहरे को देख
हो जाते हैं बहुत जल्द जुदा।

एक रोशनी से है भरा हुआ
जो दिन को उजाले से भरता है,
खुद जलकर अकेला उस आकाश में
सूरज अपनी प्रियसी को याद करता है।

दूजी रात की है रौनक,
जो शीतलता को दर्शाती है,
अंधेरे आकाश में वह
दीये की भांति जलती है।

तेरा मेरा किस्सा

तेरा मेरा मिलना आग से
बर्फ़ का टकराना था।
लगता है हमें मिलाना
मोहब्बत का कोई बहाना था।

वह समा बड़ा सुहाना था
मौसम भी आशिकाना था,
क्यों मिले थे आखिर हम,
यह मुझे तुझको बताना था।

तेरा मेरा मिलना उस दिन
मोहब्बत का कोई बहाना था।

तेरे गुरूर और मेरे गुस्से को

आपस में जो टकराना था,
एक दूजे से थे हम जुड़े हुए
तभी तो किस्मत को हमें मिलाना था।

तेरी आँखों की गहराइयों में,
खुद को मैं गवा बैठा,
तेरी तीखी बातों के सामने
खुद को मैं हरा बैठा।

तेरा मेरा मिलना उस दिन
मोहब्बत का कोई बहाना था।

तू बातें सुनाती गई,
और मैं अपनी धड़कनों को सुनता गया,
इसी तरह उस दिन मुझ पर
मोहब्बत मेहरबान हुई।

मेरी चुप्पी से उस दिन
तुझे बड़ी हैरानी हुई,
मन ही मन उस पल से
तू भी मेरी दीवानी हुई।

यही तो मुझे उस पल
तुझे बताना था,
तेरा मेरा मिलना उस दिन
मोहब्बत का कोई बहाना था।

लड़ते वक़्त अजनबी थे हम
सुलह होने पर हमारी दोस्ती हुई,

दिलों ने जब धड़कनों को पहचाना
तब धीरे-धीरे हमें आशिकी हुई।

कलमों से कागज़ों को हम रंगने लगे
धड़कनों की गूंज को शब्दों में सजाते हुए
लिख कर एक दूजे के जज़्बातों को,
ख़तों के ज़रिए हम मिलते रहे।

तेरा मेरा किस्सा
कागज़ और कलम सा हुआ,
तू मुझको रंगती कलम सी हुई
मैं तुझमें समाता कागज़ सा हुआ।

काँटों के बिना गुलाब नहीं

इस ज़िंदगी की चाल में
मुश्किलें हज़ार हैं,
जहाँ नज़र पड़ती वहाँ
ख्वाहिशों का बाज़ार है...
इन मुश्किलों के खेल में,
ख़्वाहिशों के मेल में,
जुनून की वो आग है,
एक सच्चे राही की
संघर्ष भरा राग है...
काँटों से बनी राह में,
मंज़िलों ही चाह में,

लहू से भरे पावँ से
वीर सा वो चल रहा
मुश्किलों को पार कर,
दुश्मनों पे वार कर,
वह आगे बढ़ रहा।
जो ना चले वो कैसी नदी?
जो हो बिन बहाव की,
बिन कांटों के मिलती नहीं,
किस्मते गुलाब की!!

आत्मनिर्भरता से परिचय

रोज़ सुबह घर के आंगन में
चहचहाहट छाई रहती है,
जाकर जब देखूँ वहाँ तो
एक नन्ही चिड़िया आती है।
इधर-उधर वह उछल कूद कर
खूब खेलती रहती है,
मस्त मगन हो कर
रस उड़ेल कर वह गाती है।
"क्या कहती है?"
अब तो सिर्फ वह खुद ही जाने
उसके राग में छिपी बात को,
हम तो उसके आवाज़ों में खोए
निहारते हैं हरे-हरे इन पात को।
उसे इस तरह गाते देख
मन प्रफ़ुल्लित हो उठता है,
ऐसा लगता है मानो
यह स्वतंत्रता से भरी अपनी
कहानी सुना रही,
आत्मनिर्भरता से
हमारा परिचय कराते हुए!!

आत्मविश्वास

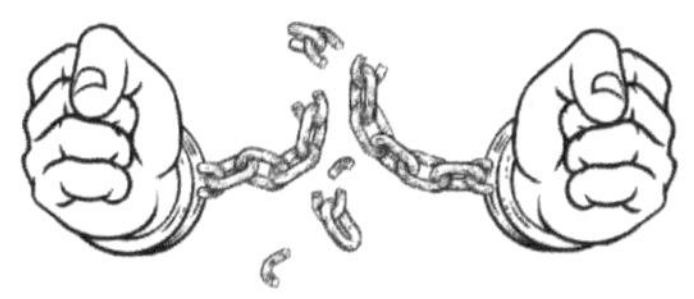

थी अकेली मैं खड़ी,
काली घटाओं से घिरी,
काँटों के बिस्तर में पड़ी
साँसों को लेती लाश सी।

यह उस घड़ी की बात है,
मेरा संघर्ष से मुलाकात है,
लड़ रही थी हर घड़ी,
मैं थी अकेली खड़ी।

टूटी हुई उस काँच सी,
गरजती हुई बिजली की तरह,
लड़ना था मुझको खुद से ही
हर घड़ी और हर समय।

मुश्किलों की बेड़ियों को
तोड़ना था हर हाल में,
इन परिस्थितियों से निकलकर

जीतना था हर चाल में।

अंधकार से इस लड़ाई में,
खुद को ज्वाला बना दिया,
जलाकर इन बाधाओं को
मैंने उजाले को जगा दिया।

जाने का वक्त आ गया

हम चल पड़े इस तरह राह पर
अपनी मंज़िलों को ढूंढने...
कुछ मंज़िलें हमें मिल गई
और कुछ अपने मिल गए।
इस राह को पार करना आसान न था...
पर चलते-चलते कुछ दीवाने ऐसे मिले,
जिनके याराना में हमें मुश्किलें भी मज़ेदार लगने लगीं!
मिले थे हम कभी जब सफर शुरू हुआ ही था...
तब का समा जीना सीखना था...
और अब हम कुछ सीख कर आगे बढ़ रहे हैं।
देखते-देखते कैसा ये बिछड़ने का मौसम छा गया,
समय का पता न चला
और जाने का वक्त आ गया।

अनुभूति

हम कच्ची माटी की मूरत से
जन्मे धरती पर प्राण लिए,
जीवन के सफ़र में चल पड़े,
साहस को अपने संग लिए।

जग को देखा, जग को जाना
देखा हमने पानी-पत्थर
नदियों को बहते हुए देखा
देखा उनको बनते सागर।

विशाल हृदय लिए इस धरती को
हम सबको अपनाते देखा,
इस विश्वधरा से हमने
सबको अपनाना सीखा।

जीवन तो एक ज़रिया था
यह जानने का कि जीना क्या होता है?
कोई सब कुछ लुटा देता है हँसते-हँसते,
जिसके पास सब कुछ हो वह क्यों रोता है?

बदलते दिनों के संग हम ने
जीवन के मौसमों को बदलते देखा।
चाहे जीवन में हो ग्रीष्म, वर्षा, हेमंत
या हो शरद, शिशिर, या वसंत
हमने सभी ऋतुओं में खुश रहना सीखा।

इस भीड़ भरी दुनिया में,
हमने कुछ ऐसे मित्रों को पाया,
जिनसे मिलकर हमारा जीवन
आखिर सफ़ल हो पाया।

हम कच्ची माटी की मूरत थे,
आज मालूम होता है हम वो नहीं रहे,
जीवन की तपिश में तप कर हम
इस सुनहरे सफ़र में सफल हुए।

अभिनंदिता

चेहरे पर चमक लिए
चंचल नदियों सी है वह तरुणा,
चलती है अपने धुन पर सदा
लेकर आँखों में वह करुणा।

कौन भला इसे आगे बढ़ने से रोके?
अपनी मनमानी करने से टोके?
सबको भाती इसकी मीठी बोली
सबसे प्यारी है यह, और सबसे निराली।

नृत्य करे तो बजती कंकणियाँ
घर में गूँजती इसकी पालियाँ,
बातों में इसकी सब खो जाते
पर इसके प्रश्नों का उत्तर दे न पाते।

मन से मस्त हुए यह चलती

मौका मिलने पर खूब मचलती
मुझे पुकार कर यह छिप जाती,
यह नन्ही नटखट मुझे खूब सताती।

अंधेरे में जब भी जाती,
मेरे आँचल से सिमट है जाती
माँ कहकर मुझको पुकारती
आकर मेरे गले लग जाती।

प्यारी सी है यह मेरी गुड़िया
छोटी सी जादू की पुड़िया,
मैंने दुनिया की सारी खुशियाँ पाई
जब से मेरी अभिनंदिता मेरे जीवन में आई।

सबसे प्यारा एहसास

आती थी जाने कहाँ से
प्यारी सी एक आवाज़,
पुकारा करती थी वह मुझको
न जाने क्यों अपने पास।

कोई न दिखता मुझे यहाँ पर
फिर कैसे उसे खोजूँ मैं?
किस रास्ते तक चलकर
उस तक भला पहुँचूँ मैं?

एक दिन यह महसूस हुआ
मेरे अंतर्मन से आ रही थी यह आवाज़
जानना चाहती थी मैं अपने
अंतर्मन का वह राज़।

रास्ता कम मुश्किल न था
पर था वह सबसे अलग,
सपने में भी नहीं देखी थी मैंने
ऐसे अनोखे रास्ते की झलक।

चल पड़ी उस रोशनी से भरे रास्ते पर
उस से मिलने की लेकर आस
आखिर उस तक पहुंच ही गई
उसे खोजते हुए उसके पास।

उसके मेरे बीच अब बस
एक बंद दरवाज़े की दूरी थी,
बिन देखे उसको
मेरी यह कहानी अधूरी थी।

दरवाज़े को खोला मैंने जब
उसको देखा पहली बार,
कहने लगी वह मुझको देख
वर्षों से कर रही थी वह मेरा इंतज़ार।

बैठी थी वह कमरे के बीचों बीच

ढेर सारे खिलौनों से घिरी हुई,
आँखों में चमक और
चेहरे पर मुस्कान लिए।

आँखें भर आई मेरी
उस मासूम को अकेला देख,
क्यों न पहुँची मैं जल्दी उस तक
जो थी यहाँ वर्षों से कैद!

धीरे-धीरे जैसे मैंने उसकी ओर कदम बढ़ाया
उतना ही मैंने अपने बचपन को अपने करीब पाया,
जैसे मैंने उसे भी मेरे ओर बढ़ते पाया,
जाकर उसे स्नेह से मैंने अपने गले लगाया।

पूछने लगी वह मुझसे, "आखिर
क्यों न सुनी तुमने अब तक मेरी पुकार?
यहाँ मैं रहती हूँ अकेली और
यहाँ गूँजती है मेरी आवाज़।"

"कोई न करता प्यार मुझे अब
न मनाता है कोई त्योहार,
क्यों तुम चली गई मुझे यहाँ अकेला छोड़?
क्या नहीं आई तुम्हें मेरी याद?"

उस मासूम के सवालों का
नहीं था मेरे पास कोई जवाब,
पर जो गलती हो चुकी थी मुझसे
मैं आज उसी को रही थी सुधार।

जब पूछा मैंने अपने आंतरिक शिशु को,
"क्या चलोगी तुम मेरे साथ?
ले चलूँगी तुम्हें उस प्यार भरी दुनिया में
जहाँ होगी ढेर सारी ख़ुशियाँ और
मनाएँगे हम मिलकर सारे त्योहार।

करती हूँ मैं यह वादा तुमसे
कभी न छोड़ूँगी तुम्हारा हाथ,
चाहे कुछ भी हो जाए अब
हर दम रहूँगी तुम्हारे साथ।"

यह सुनकर वह दौड़ी-दौड़ी
मेरे नज़दीक आ गई
आखिर वह पूरी तरह
मुझमें समा गई।

आखिर मैंने पाया खुद को
अपने आंतरिक शिशु के पास,
मेरे जीवन में अब तक का
यही था सबसे प्यारा एहसास।

www.ingramcontent.com/pod-product-compliance
Lightning Source LLC
La Vergne TN
LVHW012057160826
845678LV00014B/2856

* 9 7 8 9 3 6 0 9 4 4 6 9 8 *